U0631071

AI
文旅大师

人工智能如何改变我们的旅行方式

杨新春　郝彦革 ● 著

汕頭大學出版社

图书在版编目（CIP）数据

AI 文旅大师：人工智能如何改变我们的旅行方式 /
杨新春，郝彦革著 . -- 汕头 ：汕头大学出版社，2025.
6. -- ISBN 978-7-5658-5597-9

Ⅰ . G124-39；F592.3-39

中国国家版本馆 CIP 数据核字第 2025EY7528 号

AI 文旅大师 ： 人工智能如何改变我们的旅行方式
AI WENLÜ DASHI : RENGONGZHINENG RUHE GAIBIAN WOMEN DE LÜXING FANGSHI

著　　者：	杨新春　郝彦革
责任编辑：	胡开祥
责任技编：	黄东生
封面设计：	寒　露
出版发行：	汕头大学出版社
	广东省汕头市大学路 243 号汕头大学校园内　邮政编码：515063
电　　话：	0754-82904613
印　　刷：	定州启航印刷有限公司
开　　本：	710 mm×1000 mm　1/16
印　　张：	11.75
字　　数：	160 千字
版　　次：	2025 年 6 月第 1 版
印　　次：	2025 年 6 月第 1 次印刷
定　　价：	88.00 元

ISBN 978-7-5658-5597-9

版权所有，翻版必究

如发现印装质量问题，请与承印厂联系退换

前 言

在当今万物互联的时代，旅行早已突破传统出行的种种限制，正以前所未有的方式与新兴科技深度交融。

人工智能（AI）技术的迅猛发展不仅为制造业、金融业、教育业等行业注入了新鲜血液，还悄然改变着我们出门远行的每一个细节。

从行程规划到语言翻译、从智能导览到影像创作、从酒店预订到社交分享，AI 带来的变革无处不在，帮助旅行者以前所未有的便捷与高效方式，探索世界的每个角落。

回溯旅行的发展史，随着交通工具的升级、基础设施的完善及通信技术的进步，旅行者的脚步越走越远。近些年，以大数据和深度学习为核心的人工智能的快速崛起，更是为旅行者提供了更加灵活、多元和个性化的旅行体验。无论是将有限的假期充分利用，还是根据个性化偏好精确匹配目的地，抑或是跨越语言障碍快速掌握当地风土民情，AI 都能帮你实现。

在这一背景下，本书旨在系统、深入地呈现 AI 如何赋能旅游以及如何改变人们的旅行方式。本书不仅探讨了以智能行程规划为核心的 AI 应用，还涵盖跨语言翻译、智能导览、拍照辅助、视频剪辑以及内容创作等多个维度的内容。通过一个个鲜活的案例、详尽的功能解析以及对未来趋势的预测，力求让读者在愉快的阅读过程中获得可落地的旅行新方案。无论你是热衷于探险的独行旅者，还是携家带口的出游者，抑或是旅游行业的从业者，都可以从本书中找到令你眼前一亮的思路，并将之融入真实的旅途中。

当然，AI 为旅游带来便利的同时，也伴随着一定风险，如数据隐私、文化同质化等。对于旅行者而言，如何恰当地借助 AI 的强大功能，又该如何保持理性、独立的判断力，是亟须解决的问题。

旅行的意义并不仅在于抵达目的地，还在于对沿途风光与人文故事的体验与记录。随着 AI 的深度介入，每一段旅程都能在更短的时间内完成更高质量的规划，同时拥有更多的自由去体验、感悟和发现。

AI 所塑造的智能旅行时代，不仅是效率与便利的升级，更是一种全新的生活方式与价值观。通过阅读本书，希望每一位读者都能怀揣对未知的好奇，用 AI 开启一场场充满惊喜的旅行，以全新的视角去感知世界、欣赏世界、改变世界。

愿本书能成为你行走天地间的一把钥匙，开启 AI 与旅行相结合的无限可能。

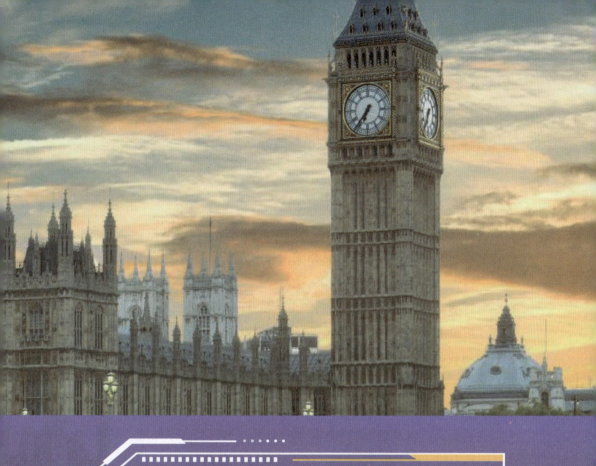

第 1 章

AI 时代的旅行

1.1 传统旅行 VS 智能旅行

旅行是大众喜闻乐见的一项娱乐休闲活动，随着经济水平的不断提高，人们对精神方面的需求随之提升，旅行活动也与日俱增。

旅行与我们的日常生活息息相关，每个人在学习与工作之余都有或多或少的旅行体验。

旅行活动的出现可以追溯到很久以前，只是当时还没有明确的定义。比如，历史上那些著名的旅行家，其中较具代表性的就是徐霞客了。作为一位明代的地理学家、文学家和旅行家，他一生的成就是多方面的，尤其是给我们留下了非常宝贵的旅行方面的文字记录。

在 AI 出现之前，旅行中的各项事宜，包括旅行前的行程规划、旅行中的项目安排，以及旅行结束后的照片处理，都需要人来处理，可谓一项耗时耗力的"大工程"，这是传统旅行的基本模式。

AI 的迅猛崛起，为旅行注入全新的活力，智能旅行应运而生。

不知道你是否有过这样的经历：到达一座城市，独自站在陌生城市的街头，看着来来往往的人群，却不知道该从哪开始旅行。智能旅行的到来可以帮你打破这种窘境。

随着 AI 与旅行融合的不断加深，全球旅游科技市场规模取得不断突破，推动着智能旅行的不断发展，智能旅行模式正在改变人们的出行方式。它在规划方式、信息获取、交通出行等多个维度与传统旅行模式存在明显不同。具体如表 1-1 所示。

表 1-1 传统旅行 VS 智能旅行

传统旅行 VS 智能旅行		
对比维度	传统旅行	智能旅行
规划方式	依赖旅行社套餐或自行查阅纸质资料手工制定，信息更新慢，过程烦琐	借助旅行 App 和在线平台，利用智能算法推荐，可一键预订，便捷、高效、个性化
信息获取	依靠导游、景区标识牌、当地报纸等，获取渠道有限，及时性和全面性不足	通过手机搜索引擎、旅行 App、社交媒体等，随时随地获取丰富信息，可与其他旅行者互动交流
交通出行	需前往售票窗口或通过旅行社购票，依赖纸质地图或问路，换乘麻烦	可通过交通 App 预订车票、查看实时信息，导航 App 能提供精准路线规划和语音导航服务，打车软件叫车方便
住宿体验	到达目的地后现场找房，查看房间、协商价格，选择范围窄，难以全面了解情况	在预订平台筛选，根据住客评价或直接与房东或工作人员在线沟通提前预订
旅行消费	以现金、刷卡为主，获取发票麻烦	以移动支付为主，且旅行 App 能记录消费明细，方便获取电子发票
应急处理	遇到突发情况，到现场服务窗口或机构排队咨询处理，耗费时间和精力	通过实时信息推送及时了解情况，可通过在线客服、社交媒体等快速获得帮助和解决方案

　　传统旅行社的标准化产品正在被智能算法瓦解。马蜂窝"AI 旅行规划师"基于 20 亿条用户生成内容（user-generated content, UGC）数据，可为用户推荐连当地人都不知道的隐秘景点。智能算法不仅能考虑天气、交通等常规因素，还能洞悉旅行者的深层次需求。迪拜国际机场的自动人脸识别通关系统，让旅客 5 ～ 9 秒完成边检。

1.2　AI 驱动的旅行新趋势

　　AI 驱动的旅行新趋势正在全球范围内引发一场深刻变革。基于人工智能算法的出行方式，能够有效提高旅程规划效率，为消费者提供高度个性化、沉浸式的全新体验。

　　传统旅行模式往往依赖旅行社的统一行程，难以实时响应个人偏好。而在 AI 的加持下，智能系统可以迅速捕捉用户行为数据，分析海量评价、社交媒体信息以及气象、交通等动态变量，帮助旅行者灵活定制路线、住宿和娱乐项目。

　　AI 赋能下的旅游攻略与路线规划更高效、更个性化。通过对全球地理位置、交通状况和旅行热点等数据的抓取，智能系统能够快速比对数以万计的可能行程，计算出时间与成本最优的方案。过去需要数天或数周收集资料、查询攻略、比对价格的烦琐过程，如今只需在 App 或小程序中输入个人偏好、预算以及出发时间，数秒内就可获取可行性极高的建议方案。AI 对细节的把控也更加精准，如对于喜欢美食的旅行者，智能系统会自动筛选当地评分高的餐厅并生成就餐时间表，甚至根据口味偏好推荐特色菜品；对于摄影爱好者，智能系统会在日出或日落时段推荐最佳拍摄点，以使拍摄体验更加完美。

　　AI 的深度学习功能为游客在境外旅行时克服语言障碍提供了极大便利，智能实时翻译应用可支持多国语言双向翻译，无论是使用火车站自动售票机，还是在街头小吃摊与店主沟通，都能帮你快速、准确地实现"零距离"互动。基于语音识别的导览机器人也开始出现在博物馆、景区与机场。游客只需对着它们说出问题，如"这座雕像的历史背景是什么？"或"附近哪里有特色咖啡馆？"，它们就能即时获取相关数据并通过语音回复，同时在电子地图上显示路径。如此一来，即使没有专业导游的陪同，人们也能获得详尽且丰富的旅行信息。

　　AI 还在沉浸式体验方面为新一代旅行模式注入了无限可能。增强现实（augmented reality, AR）眼镜或手机应用能够在用户拍摄或观看景观时自动叠加该景观的历史介绍、建筑结构剖析或 3D 模型，让用户身临其境地跨越时空，更深刻地理解每一处景点背后的文化故事。虚拟现实（virtual reality, VR）技术则可用于"预览式旅游"，能够在决策阶段就模拟目的地的场景，帮助旅行者更精确地选择适合自己的路线和体验项目。这一切都极大地增强了旅行的创造性，也使旅行者在旅途中的所见所闻更加丰富立体。

　　在全球数字化浪潮的背景下，AI 赋能的旅行新趋势已经成为一种不可逆转的主流方向。

1.3　AI 赋能从行程规划到内容创作

　　在全球数字化浪潮的驱动下，旅游正迈向智能化与个性化的新时代。

　　"AI 赋能从行程规划到内容创作"能够使旅行者在旅行开始前快速定制个性化行程，并在旅行过程中实时获取导览、翻译与安全预警等服务。

　　旅行结束后，AI 还将助力旅行者产出高水准的图文、视频乃至 VR 内容，实现从旅游消费者向创作者的角色转变。随着 AI 与大数据、物联网等技术的不断发展，这种全流程覆盖的智能化赋能，使得旅行变得更加高效、有趣，同时为旅游经济注入了更多活力。

　　传统旅行模式下，无论是自行安排行程还是委托旅行社，都需要花费大量时间比对攻略、酒店和票务信息，往往难以兼顾高性价比与个性化需求。而在 AI 的帮助下，旅行者只需在相关平台或 App 中输入关键参数，如旅行预算、喜好类型、行程时长等，就能迅速检索并筛选海量目的地资料、交通方式和住宿方案，还可以根据目的地的实时天气和活动安排，生成最佳路线。如果旅行者不知道选择"慢节奏景观游"还是"极限运动挑战"，AI 也能根据过往行为数据和用户画像进行智能预测，确保规划的行程更贴合旅行者的实际需求。此外，AI 还能根据历史评价和当前热度计算景区、酒店的平衡指数，为旅行者推荐冷门但优质的目的地，从而避免"扎堆游"造成的体验感不好的情况。

在旅行过程中，AI 的价值并不局限于地图导航和语音翻译，还能做到伴随式陪同。基于深度学习与自然语言处理技术的"AI 导游"，通过手机端或可穿戴设备可以实现随时随地的问答与查询：当你漫步在古老的建筑群中，想要了解其历史发展过程或艺术价值时，只需询问"AI 导游"就可获得富有深度的讲解；当遇到突发的天气变化或交通管制时，"AI 导游"也会根据实时信息为你推荐替代路线或临时安排。这种即时交互与智能决策，既能让旅行更加高效，也能减少语言障碍和信息差距带来的不便。对于自由旅行者而言，AI 的支持使他们仿佛拥有了一位贴身的随行管家与私人专家，能够极大地提升他们旅行的舒适度与安全性。

AI 与旅行的融合带动了旅行社与旅游平台的业务升级，许多平台开始设置"体验官"或"内容合伙人"项目，邀请旅行者分享他们高质量的作品，并通过 AI 算法进行自动审核与标签管理，再推送给对口兴趣群体，从而实现精准传播。这一生态闭环既能帮助用户发挥创作价值，也能为旅游目的地和相关企业带来更有效的口碑营销。

总的来说，AI 赋能从行程规划到内容创作的整条价值链，正以其高效、便捷、个性化等多重优势，深刻地改变着人们的出行方式与旅行体验。对于个人而言，这意味着更加自主且富有乐趣的旅行过程，从预订阶段就能感受到 AI 带来的时间和成本的双重节省；对于旅游行业而言，AI 在不断催生新的商业模式与文创生态，进一步丰富旅行目的地与游客互动的手段。

可以预见，在未来的旅行中，人们将以更低的门槛获得更高质量的创作成果，旅途中的每一帧画面都可能演变为独具风格的内容作品。而这种"人人皆可创作，处处皆有灵感"的深度参与，将成为新时代旅游行业持续升级的强大动力。

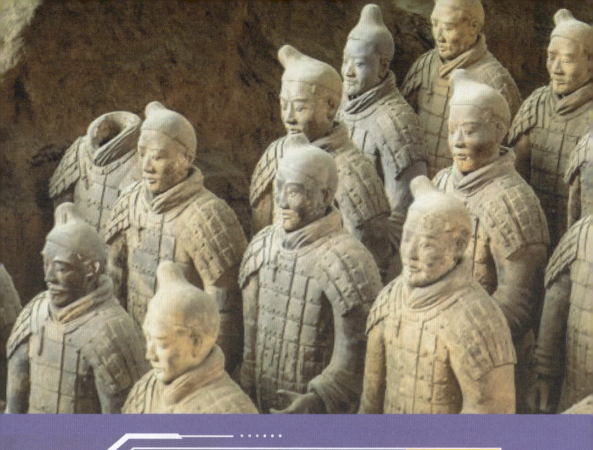

第 2 章

智能行程规划——
高效设计你的专属路线

2

2.1 快速锁定目的地

AI 时代，旅游行程规划不再是令人"挠头"的难事，虽然旅行前还是要考虑好目的地、交通路线、食宿情况等，但是只要有 AI 的帮助，这一切都将变得轻而易举。最直观的一点是，我们可以利用 AI 快速锁定目的地。毕竟，选择合适的目的地是愉快旅途的开始。

我们可以尝试问问 AI，看看它是否具备帮助我们快速锁定旅游目的地的能力。例如，我们可以问豆包："豆包你好，请问，你是否具有帮助我快速锁定旅游目的地的能力？"具体如图 2-1 所示。

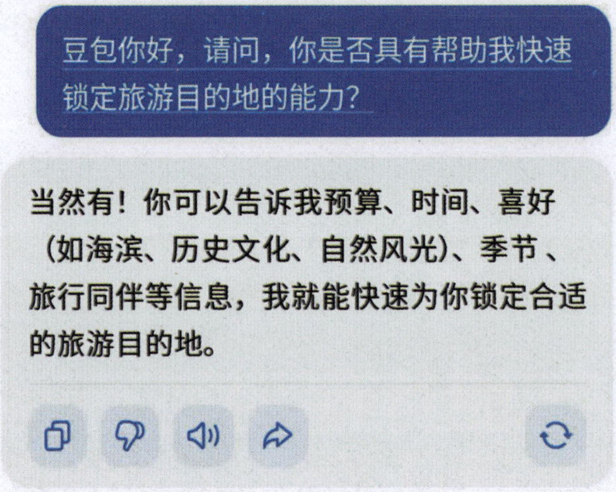

豆包你好，请问，你是否具有帮助我快速锁定旅游目的地的能力？

当然有！你可以告诉我预算、时间、喜好（如海滨、历史文化、自然风光）、季节、旅行同伴等信息，我就能快速为你锁定合适的旅游目的地。

图 2-1　AI 锁定目的地

可以看到，AI 能够帮助我们快速锁定旅游目的地。需要注意的是，向 AI 提问时信息尽量全面，提供包括预算、时间、喜好、季节等在内的信息，让 AI "有迹可循"，这样它才能输出更贴合我们需求、更具参考价值的答案。

提问公式：【预算】+【时间】+【喜好】+【季节】+【特殊需求】。

提问示例如表 2-1 所示。

表 2-1　提问示例

序号	提问示例
1	预算 5000 元，5 天时间，喜欢海滨城市，夏季出行，希望能体验浮潜，有没有合适的旅游地
2	预算 10000 元左右，7 天时间，偏爱历史文化景点，秋季出行，想找个人少的地方，有推荐吗
3	预算 3000 元以内，周末 2 天时间，喜欢自然风光，春季出行，最好交通方便，有哪些好去处
4	预算充足，10 天时间，喜欢滑雪，冬季出行，希望能在专业雪场滑雪，求推荐地点
5	预算 8000 元，4 天时间，喜欢美食和购物，任何季节都行，想找国际化大都市，有哪些选择
6	预算 6000 元，6 天时间，钟情于古镇风情，春季出行，期望能感受宁静、古朴的氛围，有合适的古镇推荐吗
7	预算 20000 元，8 天时间，热爱户外运动，夏季出行，想进行徒步探险，求有优质徒步路线的地方
8	预算 4000 元以内，3 天时间，喜欢民俗文化，秋季出行，希望能参与当地特色节庆活动，有哪些好去处
9	预算充足，12 天时间，喜欢潜水，任何季节都可，想探寻世界著名的潜水胜地，有哪些选择
10	预算 7000 元，5 天时间，偏好艺术氛围，冬季出行，想参观知名艺术展览和画廊，求推荐旅游城市

错误示范：

（1）提问：我想去海边玩，给我推荐个地方。

错误原因：缺少预算、时间、季节、特殊需求等关键要素，没有这些信息，AI 很难精准推荐符合需求的旅游地。

（2）提问：预算 10000 元，时间随便，想去人少景美的地方。

错误原因：时间、喜好、季节、特殊需求都不明确。"人少景美"描述宽泛，AI 难以据此推荐合适的目的地。

（3）提问：预算 5000 元，5 天假期，夏天想去看雪。

错误原因：季节与喜好存在矛盾，夏季一般没有降雪，不符合自然规律和实际情况。

案例一

问：预算 5000 元，5 天时间，喜欢海滨城市，夏季出行，希望能体验浮潜，有没有合适的旅游地？

答：以下是一些符合你预算、时间、喜好和季节要求的海滨旅游地：

国内

万宁：

费用：5 天时间预算在 5000 元左右，包括住宿、餐饮、交通和浮潜等费用。

浮潜体验：加井岛海水清澈透明，水质优良，能见度可达 10 米，夏季浮潜相当舒服，丰富的海底生物和梦幻绚丽的珊瑚礁构成无与伦比的潜水环境。

惠州：

费用：5 天时间花费 5000 元可以有很好的旅行体验，能涵盖三角洲岛等景点的门票、浮潜项目费用等。

浮潜体验：三角洲岛海水清澈，在这里浮潜可以欣赏到五彩珊瑚和热带鱼等。

其他景点：巽寮湾可以亲子赶海，盐洲岛能出海捕鱼、体验晒盐，还有亚洲大陆唯一的海龟产卵地海龟湾。

国外

马来西亚兰卡威：

费用：从国内往返吉隆坡再转机到兰卡威，加上当地 5 天的住宿、餐饮、交通和浮潜等活动费用，预算 5000 元基本可以满足。

浮潜体验：兰卡威群岛有 99 座小岛，跳岛游时可以在孕妇岛、湿米岛等附近海域浮潜，能看到各种海洋生物。

其他景点：巨鹰广场、天空之桥等，乘坐缆车到达最高点还可俯瞰马来西亚和泰国的山海交界处。

马来西亚仙本那：

费用：从国内到吉隆坡再转机到斗湖机场，再到仙本那，加上当地的消费，5000 元预算可以玩得不错。

浮潜体验：有卡帕莱线、马达京线等跳岛浮潜路线，海底资源丰富，能看到短尾乌贼、拟态章鱼等，还可能与海龟共游。

其他景点：周边有马布岛的网红水屋，还能看到巴瑶族的独特生活方式。

提问后，AI 从国内和国外两个方面给出答案，主要的旅游目的地推荐包括国内的万宁、惠州，以及国外的马来西亚兰卡威和仙本那。通过 AI 的回答可以看出，其根据提问者提供的预算、偏好等信息给出的个性化推荐具有一定的参考性。当然，如果提问者对这些目的地没有兴趣，可进一步询问。

接上文

问：我不太想去国外，请为我多推荐几个国内的旅游目的地。

答：除了前面提到的万宁、惠州，还有以下几个符合你需求的国内海滨旅游目的地：

三亚

费用：预算 5000 元可以选择一些性价比高的住宿和活动套餐。

往返机票根据出发地不同有所差异，提前预订优惠力度较大，住宿选择非海景的经济型酒店或民宿，基本能将花费控制在预算内。

浮潜体验：蜈支洲岛海水清澈透明，海洋生物丰富，是浮潜的绝佳之地，能看到珊瑚礁、热带鱼等。西岛的浮潜环境也不错，周边海域有大片的珊瑚礁群和各种海洋生物。

其他景点：亚龙湾有"天下第一湾"的美誉，沙滩细腻，海水湛蓝。南山文化旅游区有壮观的海上观音像，文化氛围浓厚。

北海

费用：5 天的行程，包括往返交通、住宿、餐饮和景点门票等，5000 元足够。从国内大部分城市乘坐飞机到北海，提前预订机票价格较为实惠，当地住宿选择多样，价格适中。

浮潜体验：涠洲岛是火山喷发堆凝而成的岛屿，在石螺口海滩、滴水丹屏等区域可以浮潜，能看到珊瑚和小鱼等。

其他景点：北海银滩沙质细腻洁白，有"天下第一滩"的美誉。北海老街有着深厚的历史文化底蕴，能感受当地的传统风情。

平潭

费用：5000 元的预算比较充裕，从周边城市前往平潭交通便利，岛上住宿有各种价位可供选择，餐饮以海鲜为主，价格适中。

浮潜体验：在大福湾等海域可以进行浮潜活动，周边海水清澈，能看到一些海洋生物，体验感较好。

其他景点：龙凤头海滨浴场是全国较大的海滨浴场之一，沙质柔软。长江澳风车田有大片的风力发电机，与碧海蓝天构成美丽的画卷。

大连

费用：5000 元的预算可以让你有不错的旅行体验。往返交通费用根据出发地有所不同，市内及周边交通便利且费用不高，住宿选择多样，可根据预算挑选。

浮潜体验：棒棰岛海域水质较好，在这里浮潜可以看到一些海洋生物，感受海底世界的魅力。

其他景点：星海广场是亚洲较大的城市广场之一，可以欣赏海景和城市风光。金石滩有独特的海岸地貌和地质景观。

再次提问后，AI 根据提问者"不太想去国外"的要求，给出了一些国内的旅游目的地以供选择。

案例二

问：预算 10000 元，15 天时间，从北京自驾前往国道 318 旅游，想在 5 月上旬出发，途中有哪些值得一去的景点吗？请为我详细推荐。

答：从北京自驾出发前往国道 318，今年 5 月上旬出发，途中有许多值得一去的景点，以下为你详细推荐：

北京—成都段

平遥古城：位于山西省中部，是保存完好的明清古城，有平遥城墙、日升昌票号等众多古建筑，能让人感受到浓厚的晋商文化和明清时期的城市风貌。

西安：作为十三朝古都，历史文化底蕴深厚。必去景点有秦始皇兵马俑博物馆，其壮观的军阵和精湛的工艺令人惊叹；还有古城墙，可骑行绕墙一周，欣赏城市景色；大雁塔也是著名景点，见证着佛教文化的传承。

九寨沟：5 月的九寨沟，冰雪尚未完全消融，沟内的"海子"在阳光的照耀下五彩斑斓，与翠绿的树木、远处的雪山相互映衬，仿佛童话世界。珍珠滩瀑布水流湍急，如珍珠洒落，十分壮观。

成都—拉萨段

海螺沟：以低海拔现代冰川闻名，5月可以看到冰川与森林共存的奇特景观。乘坐缆车可直达观景台，近距离观赏贡嘎雪山的壮美，还能在山下的温泉池享受温泉，放松身心。

新都桥：有"摄影天堂"的美誉，5月草原开始返青，远处是连绵的雪山，近处是弯弯的小溪、金黄的柏杨和藏寨，如诗如画，是摄影爱好者的天堂。

稻城亚丁：被称为"最后的香格里拉"，5月的亚丁，雪山环绕着高原草甸，冲古寺宁静祥和，珍珠海倒映着仙乃日雪山的身影，洛绒牛场水草丰茂，央迈勇雪山和夏诺多吉雪山雄伟壮观，徒步其中，仿佛置身于仙境。

然乌湖：湖水湛蓝，雪山环绕，5月冰雪融化，湖水更加充盈，雪山的倒影在湖中清晰可见，美轮美奂。旁边的来古冰川也值得一去，冰川冰洁如玉，形态各异。

林芝：5月虽然桃花季已过，但林芝依然景色迷人。雅鲁藏布大峡谷是世界上最深的峡谷，可观赏到南迦巴瓦峰的壮美身姿，尼洋河风光带河水清澈，两岸植被茂盛，景色宜人。

拉萨—日喀则段

羊卓雍措：西藏三大圣湖之一，湖水呈现出美丽的蓝色，在阳光的照耀下波光粼粼，湖岸线蜿蜒曲折，与周围的雪山、草原构成一幅绝美的画卷。

卡若拉冰川：是西藏三大大陆型冰川之一，距离公路很近，可近距离观赏冰川的壮美。冰川冰舌前沿海拔5560米，在阳光的照射下，冰川闪烁着蓝色的光芒，十分震撼。

扎什伦布寺：是格鲁派六大寺院之一，寺内建筑气势恢宏，有众多的佛塔和佛像。强巴佛殿内的强巴佛像是世界上最大的室内铜制佛像，工艺精湛，令人赞叹。

案例二的提问比较详细，要求 AI 给出详细推荐，AI 所提到的九寨沟、稻城亚丁、然乌湖、林芝、羊卓雍措等均是 318 国道自驾爱好者的首选目的地，可见 AI 的答案具有很高的参考价值。

案例三

问：8000 元预算，计划在 5 月上旬抽出 7 天时间去旅游，喜欢历史人文景观和品尝特色美食，正值春季，希望能去一个不太拥挤且有美丽的自然风光可以拍照打卡的地方，帮我确定旅游目的地。

答：为你推荐湖北恩施，这里能较好地满足你的需求，理由如下：

预算方面：包含交通、住宿、餐饮和多个景点游览，8000 元的预算相对充足，可在景区周边选择性价比高的住宿和餐饮，还有余钱可以体验特色项目。

时间安排：5 月上旬气温适宜，此时恩施的自然风光正美，适合长时间游玩。

历史人文与美食：这里有约 215 万年前的"建始直立人遗址"，挑战了人类起源学说，还有 4000 年前驰名中外的中华文明"巴盐古道"。在恩施市区的土家女儿城，可感受土家族的民风民俗，品尝 30 家特色餐饮和 40 家美味小吃，如土家酱香饼、合渣等特色美食。

自然风光：恩施汇聚了壮丽的山水奇观，像气势雄伟的清江大峡谷拥有震撼的喀斯特地貌的蝴蝶岩，以及 2.5 亿年前形成嶂谷地质奇观的地心谷。还有与美国科罗拉多大峡谷难分伯仲的恩施大峡谷，以及拥有独特石林景观的梭布垭石林。

游客数量：相比一些热门旅游城市，恩施在 5 月上旬相对没那么拥挤，能让你尽情享受旅行。

AI 捕捉到问题中的"8000 元""5 月份""7 天""人文景观"等关键词语，综合这些信息帮提问者确定旅游目的地为湖北恩施，并且列出理由，条理分明，具有一定的参考价值。

2.2 天气、交通与临时变更的智能应对方案

在旅行过程中，天气和交通状况的突然变化，常给旅行带来诸多不便。不过，AI 的出现可以有效解决这些问题，并为游客提供智能应对方案。

在天气方面，一些 AI 软件可以实时获取天气预报，一旦检测到恶劣天气，如暴雨、大风，它会依据游客原本的行程安排，迅速给出合理的调整建议。比如，原计划去户外登山，碰上恶劣天气，AI 软件会建议改为参观室内博物馆、艺术展览等。而且，它还会根据不同天气状况，优化景点推荐。阳光明媚时，它会推荐公园、海滩等户外景点；阴雨天气时，它会推荐历史博物馆、科技馆等室内文化景点。AI 软件还会贴心地依据天气情况提醒游客携带合适装备，如预计有雨就提醒带雨具，高温天气则提醒做好防晒，带上防晒霜、遮阳帽等。

在交通方面，AI 软件利用实时交通数据，能在遇到交通拥堵、交通事故，或地铁、公交等公共交通临时停运时，迅速为游客重新规划最佳出行路线。当道路拥堵严重时，它会建议选择共享单车或电动车，并提供附近停放位置信息。不仅如此，AI 软件还会实时推送航班延误、火车晚点等重要交通信息，航班延误时，还能帮忙查询后续可改签的航班信息并提供建议。

在向 AI 提问时，提问者要提供自己原本的出行计划，同时把自己

遇到的突发情况表达清楚，然后请 AI 结合这些内容提供科学有效的应对方案。

提问公式：【原计划】+【突发情况】+【附加需求】。

提问示例：原计划明天上午 10 点从北京出发，乘坐飞机前往上海，到达后直接打车去外滩附近酒店办理入住，下午去外滩游玩，晚上在附近餐厅用餐。结果收到航空公司通知，航班延误至下午 2 点起飞。请帮我重新规划到达上海后的行程，确保能在当天完成主要行程安排，且不耽误休息。

错误示范：

（1）提问：原计划去上海，航班延误了。帮我重新规划行程。

错误原因：原计划中没有出发时间、出发地、交通方式、抵达后的行程安排等关键信息，也未说明延误后的起飞时间，提供信息太过简略，AI 无法做出具有针对性的行程规划。

（2）提问：明天上午 10 点从北京乘飞机去上海，到达上海后想去外滩，现在航班延误了该怎么办？

错误原因：未提及抵达上海后的具体安排，如住宿、用餐等；也没有明确航班延误后的起飞时间，同时附加需求不清晰，没有说明对行程规划的具体要求。

案例一

问：原计划今天上午 11 点落地西安咸阳国际机场，然后坐机场大巴到钟楼附近酒店，下午游览钟楼和鼓楼。结果当地下大雪，机场大巴临时停运。请帮我推荐其他从机场到酒店的交通方式，以及若下午时间紧张，如何安排钟楼和鼓楼的游览。

答：考虑到大雪天的实际情况，我帮你筛选出了合适的交通方式，还针对时间紧张的情况规划了高效的游览路线。

1. 交通方式推荐

出租车/网约车:虽然费用会比机场大巴高一些,但能直接从机场送达酒店,且在大雪天气仍能提供出行服务。不过,由于天气原因,道路可能拥堵,打车时间会有所延长,你可以提前在打车软件上查看预估时间和费用,做好准备。

机场高铁转地铁:西安咸阳国际机场有高铁站,你可以查询前往西安站或西安北站的高铁车次。高铁受天气影响相对较小,运行较为准时。到达车站后,再转乘地铁前往钟楼附近。西安站和西安北站都有便捷的地铁线路到达钟楼,地铁运行不受大雪影响,能保证你顺利抵达酒店。

2. 下午时间紧张的钟楼和鼓楼游览安排

优先选择鼓楼:鼓楼距离钟楼较近,且内部展示的明清鼓乐等文化内容丰富,游览时间相对灵活。你可以先前往鼓楼,在鼓楼内欣赏精美的鼓乐表演(具体表演时间可提前查询),了解鼓文化的历史,领略其独特魅力。

远观钟楼:从鼓楼出来后,在周边合适的位置远观钟楼的整体建筑风貌。此时,大雪覆盖下的钟楼会呈现出别样的景致,非常适合拍照留念。虽然无法进入钟楼内部详细游览,但远观也能感受到它的雄伟壮观,并且可以节省时间,确保你能在有限的时间内完成主要的游览计划,还能按时返回酒店休息,避免因时间紧张而过于疲惫。

提问后,AI 给出的回答具有一定实用性,体现在可行性和全面性上。AI 推荐的出租车/网约车以及机场高铁转地铁这两种方式,都切实可行。出租车/网约车能提供精准的"门到门"服务,照顾到了旅行者携带行李等实际情况。不仅如此,AI 还介绍了每种交通方式的优点,以及可能存在的问题,可以帮助提问者更好地做决策。

案例二

问：原计划明天早上 8 点从成都东站坐高铁到重庆，到达后坐地铁去解放碑附近酒店放行李，之后去解放碑游玩。刚得知成都东站因设备故障部分车次晚点，我的车次也不确定何时能出发。请给出晚点 1 ~ 3 小时情况下，到达重庆后的行程调整建议，尽量不影响游玩体验。

答：晚点 1 小时

抵达时间：预计 9 点从成都东站出发，10 点半左右抵达重庆。

行程调整：直接前往解放碑游玩，将行李寄存在解放碑附近商场的行李寄存处，每件行李可能收费 5 ~ 20 元，游玩结束后再去酒店办理入住。解放碑周围美食众多，游玩结束后可以在附近用餐，品尝重庆小面、辣子鸡等美食。

晚点 2 小时

抵达时间：预计 10 点从成都东站出发，11 点半左右抵达重庆。

行程调整：先去酒店办理入住，此时时间临近中午，在酒店附近简单用餐后，下午前往解放碑游玩。可以选择解放碑周边小众但富有特色的老街巷逛逛，体验重庆的烟火气。

晚点 3 小时

抵达时间：预计 11 点从成都东站出发，12 点半左右抵达重庆。

行程调整：先去酒店办理入住，然后在酒店附近吃午餐，下午前往解放碑。到达解放碑后，可以选择乘坐解放碑附近的长江索道，从空中俯瞰长江及其两岸的风光，之后回到解放碑周围拍照打卡，感受重庆的城市地标魅力。晚上可以在解放碑附近欣赏夜景，品尝当地的火锅。

AI 给出的回答内容翔实、逻辑清晰，从时间把控、活动规划到费用提示,全方位消除了提问者因车次晚点而需调整行程的困扰,对提问者具有一定的参考价值。

2.3 美食、住宿与小众旅游的精准匹配[①]

AI 就像一个贴身的"24 小时导游",旅游过程中无论是有关于美食、住宿的需求,还是想寻找小众体验的需求,都可以跟它表明,请它做我们的"军师"。

相比人工操作,AI 搜索得更快,涉猎范围更广,还能根据这些内容做好筛选、归纳、总结等工作,为提问者省去许多麻烦。例如,AI 能通过分析用户提供的年龄、性别、地理位置等基本信息,以及用户过往对美食的浏览、点击、收藏等行为数据来了解其口味倾向。

比如,如果用户经常点击川菜类菜品,AI 就会加大辣味美食的推荐权重。AI 还能通过自然语言处理技术,对海量美食评价数据进行语义分析,提取菜品口味、食材新鲜度、餐厅环境等关键信息,为用户精准推荐符合其口味的美食。

又如,AI 能通过分析大量的旅游攻略、用户分享、社交媒体内容等信息,发现一些小众景点、特色活动或独特的文化体验,像当地的传统节日、手工艺品制作工作坊、小众的艺术展览等。

2.3.1 AI 美食新体验

接下来,我们试着向 AI 提问有关美食的推荐,看看会得到怎样的答

---

① 为保护具体商家的隐私,以及避免出现版权争议情况,AI 回答图片中出现的具体商家名称以马赛克遮挡,文字中的具体内容以 ×× 代替,望周知。

复？如图 2-2 所示。

图 2-2　AI 美食新体验

　　提问后，AI 会根据使用者的地理位置，直接推送相关资讯（篇幅所限仅展示局部）。当然，在真正提问时一定要向 AI 提供充足的参考资料。

　　在提问时，要遵循明确具体、突出需求、合理可行的原则。明确具体是指问题尽量明确，包括旅游目的地、时间、预算和个人偏好等信息；突出需求是指着重突出自己的个性化需求，这样 AI 在搜索资料时可以更有针对性；合理可行是指提出的问题要符合基本逻辑。

利用 AI 寻求当地美食

　　提问公式:【目的地】+【饮食偏好】+【场景需求】+【其他特殊要求】。

目的地：明确要去的地方，精确到具体城市、区域甚至街道，这样AI 能给出更具针对性的答案。比如，"长沙五一广场"就比只说"长沙"更精准。

饮食偏好：阐述自己喜欢的口味、菜系、食材等。例如，"爱吃辣""喜欢海鲜""偏好川菜"等。

场景需求：描述用餐场景，如"适合多人聚餐""适合情侣约会""早餐推荐""当地夜市小吃"等。

其他特殊要求：预算限制，如"人均消费 200 元左右"；对餐厅环境的要求，如"环境安静优雅"；希望是当地特色老店、网红新店等。

提问示例：

（1）我要去成都春熙路，爱吃辣，想找一家适合朋友聚会的火锅店，最好是本地人常去的老店，人均消费 150 元左右。

（2）我准备去厦门旅游，喜欢海鲜，求推荐几家曾厝垵附近环境好、适合情侣约会的海鲜餐厅。

（3）我明天到广州的北京路，早上想尝尝地道的广式早茶，有没有性价比高、本地人爱去的茶餐厅？

案例一

> 问：我准备去西安旅游，住在洒金桥附近，特别喜欢吃各种面食和烤肉，想找氛围热闹、能吃到正宗当地美食的饭馆。

如图 2-3（篇幅所限仅展示局部）所示，点击图片中带有链接的字体，可直接跳转到店面链接，其中会显示店面具体位置、营业情况、人均消费以及交通抵达方式，给提问者提供一定的便捷。

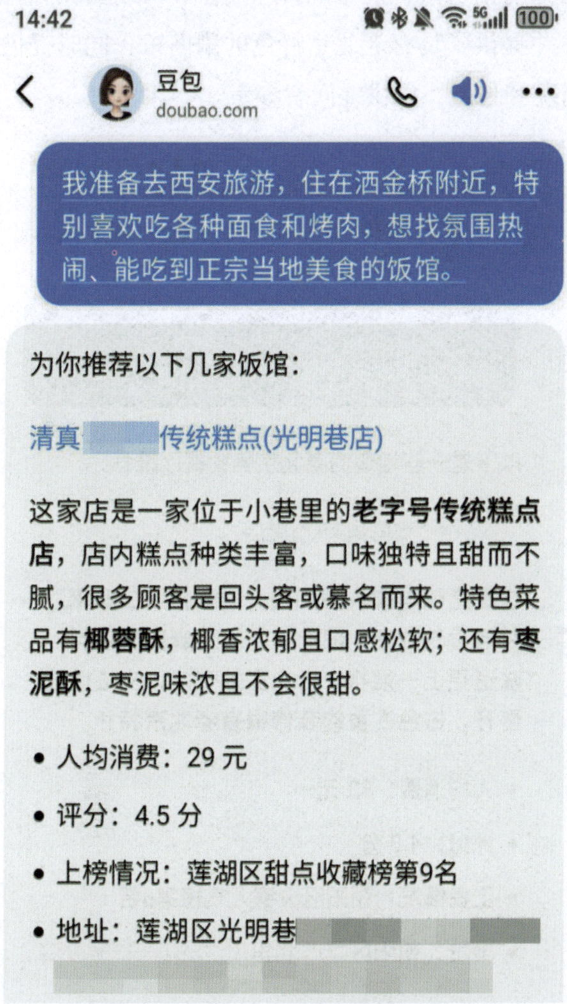
14:42
豆包
doubao.com
我准备去西安旅游，住在洒金桥附近，特别喜欢吃各种面食和烤肉，想找氛围热闹、能吃到正宗当地美食的饭馆。
为你推荐以下几家饭馆：
清真 传统糕点(光明巷店)
这家店是一家位于小巷里的老字号传统糕点店，店内糕点种类丰富，口味独特且甜而不腻，很多顾客是回头客或慕名而来。特色菜品有椰蓉酥，椰香浓郁且口感松软；还有枣泥酥，枣泥味浓且不会很甜。
• 人均消费：29 元
• 评分：4.5 分
• 上榜情况：莲湖区甜点收藏榜第9名
• 地址：莲湖区光明巷

图 2-3　案例一

案例二

问：我准备去北京旅游，住在鸟巢附近，想品尝老北京地道美食，你有什么推荐吗？

如图 2-4（篇幅所限仅展示局部）所示，AI 能准确捕捉到提问者的需求和问题，并提供了具有老北京特色的涮肉馆，同时提供了人均消费、评分、上榜情况和地址，以供提问者参考。

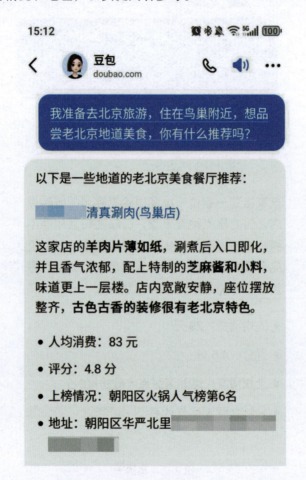

图 2-4　案例二

一般情况下，如果没有特别强调，AI 会为提问者提供 4 ～ 5 家店，如果提问者觉得 AI 提供的店铺不是自己想要的，可以继续提问，并提供更详细的参考线索。

接上文

问：再帮我推荐几家地道的美食餐厅。

答：为你推荐以下几家地道的美食餐厅：

[××] 这家店的门钉肉饼、豆汁、羊杂汤等菜品味道正宗，有着浓郁的北京风味。店内环境干净整洁，服务态度热情周到，会主动帮忙打包、提供茶水。

人均消费：52 元

评分：4.6 分

地址：朝阳区安立路与大屯北路交叉口 ××

[××] 这家店的北京牡丹烤鸭、贝勒爷烤肉、乾隆白菜等菜品很有老北京特色，色香味俱全。店内装修风格京味十足，环境优雅，服务热情周到，还会赠送小吃和小鸭子玩具。

人均消费：116 元

评分：4.5 分

地址：朝阳区亚运村 ××

……

继续提问后，AI 保持上文的提问语境继续给出答复，提问者可以把这些作为自己的备选餐厅（注意：AI 提供的内容的真实性无法 100% 保证，建议到店前拨打联系电话确认）。

2.3.2　AI 住宿好帮手

如果出去旅游不知道定哪家酒店，那么不妨请 AI 来帮忙。借助大数据收集和筛选技术，AI 能够帮我们快速寻找合适的出游酒店。如果用人工逐一对比的方式，提前找一家合适的酒店可能要耗费小半天的时间，而用 AI 找酒店具有高效快速、个性推荐和综合评估的特点。

　　高效快速是指 AI 可以在短时间内分析大量的酒店数据，快速筛选出符合提问者要求的酒店，比人工逐一查找和比较要快得多；个性推荐是指 AI 通过分析提问者的历史预订记录、浏览偏好、出行目的等信息，能够推荐更符合提问者个人喜好的酒店；综合评估是指 AI 通过综合考虑酒店的价格、位置、设施、用户评价等因素，可以做出更客观的全方位评估，帮助提问者找到比较心仪的住宿环境。

　　请 AI 帮忙选择酒店的时候，切忌"东一榔头西一棒槌"，一定要有目的、有条理地去询问，这样才能得到最优解。相对简单且容易学会的提问公式如下所示。

　　提问公式 1（基础信息 + 需求模式）:【目的地】+【价格范围】+【特定设施或服务】

　　提问示例：要去四川省成都市区旅游，想寻找一家每晚价位在 300 ～ 500 元的酒店，需要酒店带有健身房和不错的自助早餐，请帮我推荐符合以上要求的酒店；打算去大理，想要寻找一家每晚价位在 300 ～ 500 元、有观景阳台的民宿，请帮我推荐；我要去成都，希望找到每晚价位在 200 ～ 400 元、提供免费早餐的酒店；我打算去重庆，请帮我推荐每晚价位在 300 ～ 500 元、有江景房的民宿。

　　提问公式 2（出行目的 + 偏好模式）:【目的地】+【出行目的】+【酒店风格或氛围】+【具体区域】。

　　提问示例：要去福建省厦门市区旅游，喜欢温馨且带有亲子游乐设施的酒店，最好距离海边近一些，请帮我推荐符合以上要求的酒店。

　　除了直接筛选酒店，如果我们能把已经搜集到的部分酒店的情况发给 AI，它还能通过对这些资料进行分析，帮助我们进行综合对比，直接选出最合适的酒店。如果使用的是 PC 端，可以将预比较的酒店信息放在 word 文档中，点击 AI 软件的文件上传处，将 word 文档上传至 AI 软件，请它进行比较。如果使用的是手机端，只需将预比较的酒店信息复制在对话框中发送给 AI 软件即可。例如，可以比较三亚的亚特兰蒂斯酒店、海棠湾红树林七星度假酒店和亚龙湾瑞吉度假酒店，分析它们在海景房视野、餐饮种类、亲子设施以及价格方面的优缺点。

　　Tips：以上提问公式和示例属于常规的提问模式，能够满足提问者的基本需求。如果提问者有比较充足的时间，可以在以上提问公式和模板的基础上进行"再加工"，使提问更细致，这样获得的答案会更加贴切。

案例

　　问：我计划下个月前往三亚度假，整个行程预计 7 天，住宿预算在 500 ～ 1000 元每晚，希望能找到一家带私人泳池的度假酒店。这家酒店最好能帮我联系滨海多样水上娱乐项目，像潜水、帆船体验之类的，方便我在闲暇时间尽情享受海滨度假的乐趣。房间最好是海景套房，有宽敞的阳台，能让我随时欣赏美丽的海景。餐饮方面，希望酒店提供品类多样的海鲜，能满足不同口味需求，最好还能提供 24 小时客房送餐服务。酒店最好有健身房、SPA 中心等休闲设施，以便我保持锻炼、放松身心。请帮我寻找符合以上要求的酒店。

　　答：为你找到一些符合要求的三亚的酒店（资料来源如下）。.

三亚 ×× 度假酒店

价格：不同房型价格有差异，部分房型在预算范围内。

设施与服务：由多种泳池别墅组成，每栋别墅都有私人泳池。位于鹿回头湾，可欣赏美丽海景，能联系安排滨海水上娱乐项目。酒店内有中、西、烧烤等多种餐厅，提供全天送餐服务，有健身房、SPA 中心等休闲设施。

三亚海棠湾 ×× 酒店

价格：根据淡旺季和房型不同价格有所波动，有机会在 500 ～ 1000 元每晚的预算范围内订到合适房间。

设施与服务：位于三亚海棠湾海滨，部分客房和套房可欣赏海景，有私人阳台或露台。拥有 11 座泳池，还有水疗中心、24 小时先进的健身中心。酒店有多个餐厅，能供应新鲜烹制的当地海鲜，提供 24 小时客房送餐服务。可协助联系水上娱乐项目。

三亚 ×× 酒店

价格：有一些套餐价格较为实惠，符合预算要求。

设施与服务：有宽敞明亮的一线豪华海景套房，可欣赏海景。酒店设有户外无边泳池，配套设施较齐全。餐饮方面有烤肉、甜品等，西餐厅提供种类丰富的早餐。虽未明确提及能联系水上娱乐项目，但可向酒店咨询，距离海边较近，附近可能有相关水上活动资源。

如果提问者对 AI 给出的预选酒店不知道怎么选，可以请 AI 帮自己"拿主意"。

接上文

问：关于你所提到的酒店基本符合我的需求，但是在这三者之间，我有点拿不定主意，请帮我详细对比。

答：以下是酒店的详细对比。

位置与周边

三亚 ×× 度假酒店：位于三亚鹿回头湾风景区旁边，距离三亚凤凰国际机场约 20 公里，毗邻大东海，周边有大东海美食广场、东郊椰林、商品街、鹿回头公园等。

三亚海棠湾 ×× 酒店：坐落在风光旖旎的三亚海棠湾，周边有蜈支洲岛、三亚国际免税城、亚特兰蒂斯水世界等，离免税店很近，酒店与旁边的 ×× 酒店公共区域互相连通。

三亚××酒店：位于三亚湾，距市中心直线距离 9.3 公里，靠近三亚凤凰国际机场，可享受到酒店至南山寺旅游区往返穿梭巴士以及海棠湾免税店提前一天预约接送班车服务。

住宿条件

三亚××度假酒店：全泳池别墅度假村，由 21 栋泳池别墅、16 栋豪华泳池别墅等多种别墅组成，房间面积 272 平方米起，均配有私人泳池、热带花园、户外休闲凉亭及奢华的户外浴缸。

三亚海棠湾××度假酒店：部分客房和套房可欣赏海景，有阳台或露台，部分房间阳台可直通泳池。酒店环水而建，有 11 个公共泳池区域。

三亚××酒店：有豪华典雅、设施现代化的客房，包括特色复式套房、宽敞明亮的一线豪华海景套房和总统套房。

餐饮服务

三亚××度假酒店：酒店内设有两家餐厅，还有酒廊及泳池酒吧，提供中餐、西餐、烧烤等丰富美食以及全天送餐服务。

三亚海棠湾××度假酒店：有多个餐厅，既能提供新鲜烹制的当地海鲜，也能提供精致的西餐与泰式风味料理等，还能提供 24 小时客房送餐服务。

三亚××酒店：酒店西餐厅提供种类丰富的特色早餐，有面包、可颂、蛋挞等，此外还有烤肉、甜品等餐饮供应。

娱乐设施

三亚××度假酒店：拥有 800 米专属私家海滩、500 米的海上栈桥，设有 24 小时健身房、瑜伽室、乒乓球室、桌球室、图书馆、户外泳池，提供太极、瑜伽等丰富的娱乐活动及课程，还提供特色水疗护理及全亚洲首家雨淋精华体验设施。

三亚海棠湾××度假酒店：拥有长达 1 公里的私人海滩，设有水上滑梯、冲浪板、香蕉船等水上娱乐设施，还提供浮潜、水上摩托、帆板运动等海上项目。此外，还有儿童乐园、旋转木马、碰碰车、滑梯，以及先进的健身中心和 iSpa 水疗中心。

三亚 ×× 酒店：设有户外无边泳池、室内儿童乐园、桌球室，未明确提及可直接提供滨海水上娱乐项目，但靠近海边，周边可能有相关资源。

价格区间

三亚 ×× 度假酒店：整体属于高端奢华范畴，价格相对较高，不过在淡旺季会有所波动。

三亚海棠湾 ×× 度假酒店：价格根据淡旺季和房型不同有所波动，有机会在 500 ～ 1000 元每晚的预算范围内订到合适房间。

三亚 ×× 酒店：价格相对亲民，有一些套餐价格很实惠。

当 AI 将这些信息展现出来，想必提问者对最终选择哪一家酒店基本能够做到心中有数了。

2.3.3 小众游轻松"拿捏"

受够了旅游"人从众"？平日上班挤地铁，假日出游人挤人？如果你想在节假日体验小众游，可以尝试向 AI 提问，看看 AI 会不会"另辟蹊径"，帮我们挖掘那些"冷门"景点。

AI 具有海量搜寻和分析处理功能，能够在很短的时间内完成复杂计算，通过合理分析各个城市或景区的人流量情况，可以帮助提问者找到小众旅游地，避开"人从众"的旅游景点。

第一步：分析城市人流量

先让 AI 帮我们分析城市人流量，不过由于网络资源摄取的局限性，AI 不能时时刻刻且百分之百精准掌握各省份、各城市人流量的实时情况，但是它可以提供近日的人流量情况，据此，我们可以初步分析旅游目的地的人流量情况。

> 问：请帮我搜集，近日国内各个城市的人流量情况。
>
> 答：以下是 2 月 14 日国内部分城市地铁客流量情况：
>
> 1. 北京：1173.06 万人次
>
> 2. 上海：1170.80 万人次
>
> 3. 广州：1011.70 万人次
>
> 4. 深圳：1001.48 万人次
>
> 5. 成都：733.40 万人次
>
> 6. 重庆：492.40 万人次
>
> 7. 西安：487.40 万人次
>
> 8. 武汉：451.06 万人次
>
> 9. 南京：327.30 万人次
>
> 10. 长沙：308.45 万人次
>
> 11. 郑州：268.89 万人次
>
> 12. 沈阳：220.51 万人次
>
> 13. 天津：212.11 万人次
>
> 14. 苏州：200.30 万人次
>
> 15. 合肥：186.24 万人次
>
> 16. 南昌：131.30 万人次
>
> 17. 哈尔滨：124.13 万人次
>
> 18. 宁波：114.30 万人次
>
> 19. 南宁：107.80 万人次
>
> 从春节期间的情况来看：
>
> 成都：以接待游客 2100 万人次位居春节旅游接待量榜首。
>
> 重庆：洪崖洞景区单日接待量突破 15 万人次，长江索道排队时长超过 3 小时。

西安：大唐不夜城推出新春特别活动，日均接待游客超过 20 万人次。

杭州：西湖景区接待游客同比增长 38.5%。

哈尔滨：冰雪大世界接待游客同比增长超过 150%。

三亚：各湾区酒店平均入住率达到 95%。

通过对 AI 给出的地铁人流量报告进行分析，我们可以看到北京、上海、广州、深圳等地人流量非常大，而苏州、合肥、南昌、哈尔滨、宁波、南宁等地人流量相对较少。那么不妨将这几个城市作为预选地。

第二步：预选城市人流量对比

苏州、合肥、南昌、哈尔滨、宁波、南宁。

问：根据苏州、合肥、南昌、哈尔滨、宁波、南宁几个城市的地铁、公交、自驾人流量情况，哪一个更适合小众游？

答：以下是苏州、合肥、南昌、哈尔滨、宁波、南宁这几个城市地铁、公交、自驾人流量情况及小众游相关分析。

人流量情况

苏州：春节假期地铁客运量达 1080.62 万人次，同比增长 7.62%。全市公路客运量累计 92.4 万人次，日均客运量 11.55 万人次，同比增长 40.67%。苏州市管高速出入口日均流量超 50 万辆，与去年春节相比增长 9.5%。

合肥：平时公交、地铁的人流量处于正常水平，在雨雪等特殊天气时，如 2 月 23 日受降雪影响，地铁客流量明显增大，西七里塘换乘站乘客明显增多。自驾在工作日早高峰流量平稳，特殊天气时部分道路车辆行驶缓慢。

南昌：据 2025 年 2 月 6 日消息，春运期间南昌地铁客运量达

2227.4 万人次，同比增长 10.1%。全省跨区域人员流动量日均 868 万人次，其中自驾出行近 1.7 亿人次。

哈尔滨："五一"假期城市公共交通总运量达 1949.92 万人次，其中公交 871.27 万人次，地铁 606.17 万人次。冬季冰雪旅游旺季时，前往冰雪大世界等热门景点的自驾车流量和公交、地铁客流量均会大幅增加。

宁波：春节期间，天一广场、鼓楼等商圈和景点周边，在特定时段车流量增大，如天一广场 1 月 28 日 11：00 开始车流量增大，18：00 开始车流量逐渐减少。地铁、公交在节假日前往景区和商圈的人流较多。

南宁：国庆假期等时段公共交通出行热度持续，南宁地铁会采取延长运营时间等措施保障客流运输。日常人流量在主要城区和商业中心相对集中，公交在高峰时段较为拥挤，自驾在上下班高峰和节假日出城入城路段会有拥堵。

小众游方面

苏州：有西园寺，始建于元朝，历史悠久，门票仅 5 元，香烟袅袅，还有很多猫和鸽子。道前街是苏州较美街道之一，有金黄银杏与苏式建筑相互映衬。

合肥：云水湾公园有白色教堂、红色风车等地适合拍照，还有动物可互动。长临河镇的六家畈古民居有明清建筑，四顶山可俯瞰巢湖。

南昌：安义古村群是典型赣派建筑古村落，由罗田村、水南村、京台村组成，罗田村有 1100 多年历史。西山万寿宫是纪念许逊真君的道观，是规模较大、保存较好的万寿宫之一。

哈尔滨：老会堂音乐厅原为犹太老会堂旧址，可欣赏音乐、就餐、购物。文庙是全国仅次于北京和山东曲阜孔庙的孔庙，是哈尔滨唯一仿清代建筑风格的古建筑群。

宁波：苏湖风景旅游度假区有优美的自然景观，可公交前往骑行游玩。郑氏十七房有很多古建筑，有一定历史文化底蕴，游客相对较少。

南宁：扬美古镇保留了较多明清建筑，有独特的岭南风光和人文景观。花花大世界景区有大片花卉和自然景观，适合休闲度假。

综合来看，如果想找适合小众游的城市，合肥、南昌相对来说更合适，南宁的小众游资源也比较丰富，但在知名度上相对没那么高。

进一步提问后，AI 给出了以上几座城市的人流量情况，并推荐了景点。总的来看，南宁相对更小众，出现堵车或"人从众"的概率更低，可作为不错的小众游备选地。

第三步：小众体验

确定自己想要前往的小众旅游地之后，可以继续通过 AI 查询当地的特色小众体验。

问：综合考虑你的推荐后，我决定去南宁，请帮我推荐这里的小众体验，5～10 个即可。

答：以下是南宁的一些小众体验推荐。

1. 在南宁中关村创新示范基地感受欧式风情：这里有中古式、古典式等不同风格的建筑，还有钟楼、风车、灯塔，形成了独特的欧洲风情建筑群，不用出国就能欣赏到异国风光。

2. 打卡东葛路内街的赛博朋克风：这条集国潮文化、文创市集、特色美食于一体的创意街区，充满复古风味，有各类时尚新潮的市集活动，是年轻人休闲放松和市民散步遛娃的好去处。

3. 漫步民生旅游码头：曾经承载着南宁航运繁盛的老码头，如今成为网红打卡新去处。可以在这里沿着邕江散步，欣赏江面开阔的景色，追逐一场邕江的日落。

4.探秘唐山路鸳鸯楼：始建于1987年的鸳鸯楼，双向交错的楼梯层层相连，扶手锈迹斑斑，楼梯边缘坑洼，还有旧式门锁和裸露管道，充满复古氛围，很适合拍摄复古风照片。

5.逛南宁旧仓：这里是旧物爱好者的藏宝阁，有复古电视、电风扇、卡带收音机、老款"28拐"等各种斑驳老物件，充满市井气息，仿佛走进了旧时光。

6.游玩相思湖公园：位于南宁市西乡塘区，有各种亭台楼阁，环境清幽，适合穿着汉服、旗袍来拍照，让人仿佛置身于某座古城。

7.到广西美术馆感受艺术氛围：馆内有独特的艺术氛围和充满艺术感的空间设计，还有许多极具张力的艺术作品。在这里可以静下心来欣赏艺术，拍照也很出片，而且参观的人相对较少。

8.在老口航运枢纽看日落：有一条长长的河堤延伸向远方，大片绿色草地在蓝天的映衬下呈现出小清新美景，是和心上人一起看浪漫日落的首选地。

9.去隆安县的龙虎山与猴子玩耍：这里不仅风光优美，绿水环绕，还能和可爱的小猴子互动，沿着山间小道行走可以慢慢欣赏美景，仿佛置身于峨眉山。

10.感受横州下黎里的壮族文化：既能游览龙母江同心文化园、龙母桥，也能欣赏石桥、水车、竹筏等美景，还能了解铜鼓台、点将台等。此外，当地的辣鸡脚、套肠等美食也值得一试。

2.4 从"0"到"1"的懒人模式——一键生成完美行程

AI 助力懒人旅行新体验。在快节奏的现代生活中，旅行成为人们放松身心的绝佳方式。然而，烦琐的行程安排、景点筛选、住宿预订等，常常令人头疼不已。而如今，随着 AI 的飞速发展，这一切都变得轻松简单。利用 AI，能够开启从"0"到"1"的懒人模式——一键生成完美行程。

只需在 AI 中输入你的旅行目的地、旅行时间以及个人偏好，如你喜欢自然风光还是历史人文景点，热衷于美食探索还是购物休闲，AI 便能迅速为你制订一份详尽、完美的旅行计划。它会综合考虑当地的热门景点、最佳游玩时间，巧妙规划出一条既不会过于紧凑，又能充分领略当地风情的路线。不仅如此，AI 还能根据你的行程安排，精准推荐合适的交通方式和住宿地点。同时，它还能提供当地美食攻略，让你不错过任何一道特色佳肴。

AI 就像一位贴心的旅行管家，为我们解决旅行规划中的种种难题，从而实现从"0"到"1"的懒人旅行模式，让我们轻松踏上旅程，尽情享受旅行的美好。

在请 AI 帮忙一键生成完美行程时，用语要准确，参考资料、背景信息要充足，要使 AI "了解"我们的需求，简单概括就是要遵循准确性原则、全面性原则和简洁性原则。

准确性原则：提问时涉及的地点、时间、偏好等信息一定要精准，如想要去杭州西湖游玩，就不要只说"杭州"，而要确切表达"杭州西湖"这个字眼，帮助 AI 聚焦。

全面性原则：提供的背景因素和参考资料要全面，除了基本的目的地、时间和偏好，还要提及随行人员，如是否有老人或孩子等。

简洁性原则：对话内容要去掉繁复冗长的部分，让 AI 快速抓取重点，否则可能会导致 AI 误判进而导致给出的回答不尽如人意。

> 问：我计划一场北京—成都旅行，整体预算为 5000 元，希望你帮我生成一份完美的行程，涉及交通、住宿、美食、游玩等。
>
> 以下是具体信息：
>
> 旅行时间：2025 年 7 月 2 日至 2025 年 7 月 8 日。
>
> 兴趣偏好：
>
> 景点：非常喜欢历史人文景点，像武侯祠、杜甫草堂这种能感受历史文化底蕴的地方；同时也对自然风光有兴趣，想去看看有特色的山水景观。
>
> 美食：热爱各种地道川菜，如麻辣鲜香的火锅、串串香，也想尝尝钟水饺、龙抄手这类特色小吃。
>
> 活动：喜欢体验当地的夜生活，想去热闹的酒吧或夜市逛逛，还想找机会观看川剧变脸表演。
>
> 特殊需求：希望能安排一天时间去成都周边的古镇游玩，最好是游客相对较少、能安静感受古镇氛围的地方；购物方面，想留一些时间去购买具有四川特色的纪念品，如蜀绣、脸谱等。住宿希望安排在交通便利、靠近市区景点的酒店。
>
> 答：北京—成都七日深度游：历史人文与自然风光的完美融合
>
> 行程概览与预算分配
>
> 总预算：约 5000 元
>
> 时间跨度：7 天 6 晚（2025 年 7 月 2 日—7 月 8 日）
>
> 行程特色：历史人文深度体验 + 自然风光探索 + 地道美食 + 特色夜生活 + 古镇休闲
>
> 预算分配：
>
> 交通：约 2000 元（往返高铁 + 市内交通）
>
> 住宿：约 1200 元（6 晚经济型酒店）

餐饮：约 700 元

门票及活动：约 500 元

其他：约 500 元

（涉及具体情况和票价浮动可能存在少量误差）

每日详细行程安排

第一天（7月2日）：北京—成都·初识天府之国

交通：

下午：乘坐 G87 次高铁（北京西 07:00—成都东 14:32），票价 840.5 元

抵达后乘坐地铁到达市区酒店

住宿：

推荐入住春熙路/太古里商圈的经济型酒店，约 200 元/晚，交通便利且靠近市中心景点。

下午活动：

人民公园：体验成都慢生活，在鹤鸣茶馆品盖碗茶（约 20 元/人），感受老成都的市井气息。

宽窄巷子：傍晚漫步，欣赏明清古建筑，品尝三大炮、糖油果子等小吃（约 50 元/人）。

晚餐：

推荐火锅，人均约 80 元，体验正宗川味火锅。

夜生活：

九眼桥酒吧街：体验成都夜生活，感受川派民谣（约 60 元）。

第二天（7月3日）：历史人文深度游

上午：

武侯祠（门票 50 元）：深入了解三国文化，参观诸葛亮殿和刘备墓。

锦里古街：紧邻武侯祠，品尝钟水饺、龙抄手等特色小吃（午餐约 40 元／人）。

下午：

杜甫草堂（门票 50 元）：漫步诗人故居，感受"安得广厦千万间"的意境。

四川博物院（免费）：了解巴蜀文化发展史。

晚餐：

品尝麻婆豆腐、夫妻肺片等地道川菜（约 60 元）。

第三天（7 月 4 日）：自然与熊猫主题日

上午：

成都大熊猫繁育研究基地（门票 55 元）：早上 8 点前到达，观看熊猫进食的活泼场景。

午餐：基地附近餐厅，品尝主题餐（约 50 元／人）。

下午：

青城山（门票 80 元）：乘坐高铁至青城山站，探访道教发源地，欣赏静谧山景。

都江堰景区（门票 80 元）：参观千年水利工程，建议请讲解员（约 100 元／团）深入了解李冰治水的智慧。

返回成都：晚上乘坐高铁返回（约 30 分钟，票价 10 元）。

晚餐：钵钵鸡，体验冷锅串串的独特风味（约 40 元）。

第四天（7 月 5 日）：古镇休闲日

黄龙溪古镇（免费）：距离市区约 1 小时车程，保存完好的明清古镇，游客相对较少。漫步石板路，参观古码头和三县衙门遗址。

午餐：古镇悠然闲逛，当地面馆（约 30 元／人）。

下午活动：沿江茶馆品茶，体验川西坝子传统生活。

返回成都：傍晚返回市区（约 1 小时）。

晚餐：川味麻辣烫（约 60 元）。

第五天（7 月 6 日）：文化创意与现代成都

上午：

金沙遗址博物馆（门票 70 元）：探秘古蜀文明，观看太阳神鸟金饰等珍贵文物。

成都博物馆（免费）：系统了解成都历史发展脉络。

午餐：品尝正宗担担面、甜水面（约 30 元 / 人）。

下午：

东郊记忆：工业遗址改造的艺术区，适合拍照打卡。

U37 创意仓库：小众文创聚集地，可购买特色手工艺品。

晚餐：附近找寻特色川菜（约 70 元）。

夜间活动：

太古里夜景：欣赏现代建筑与传统元素的融合，3D 大屏是网红打卡点。

第六天（7 月 7 日）：自由活动与购物日

上午：

文殊院（免费）：清幽的佛教寺院。

午餐：品尝原汤龙抄手及各种成都小吃（约 40 元 / 人）。

下午：

去成都国际金融中心打卡爬墙大熊猫雕塑，高端购物体验。

香香巷：窄巷美食聚集地，可购买火锅底料等特产。

晚餐：自选体验（约 50 元）。

第七天（7 月 8 日）：成都—北京·满载而归

交通：乘坐 G90 次高铁（成都东 15:00—北京西 22:32），票价 840.5 元。

实用贴士与注意事项

交通建议：成都市内主要景点可通过地铁＋共享单车解决，下载"天府通"App 扫码乘车。

门票预订：武侯祠、杜甫草堂等热门景点可提前在官方平台预约。

餐饮提示：不能吃辣的话点餐时说明"微辣"或"免辣"。小吃集中的区域为锦里、宽窄巷子、建设路。

上面这份一键生成的行程安排内容全面、条理清晰，涵盖交通、住宿、每日行程以及总预算各个方面，而且兼顾了历史人文景点、自然风光、特色美食体验、夜生活以及购物需求。

问：我计划在 2025 年 5 月 1 日至 5 月 7 日从上海出发去西安旅行，总预算是 8000 元。同行人员有我的父母，父母年龄 50 多岁，身体还算健康，不过不能进行太剧烈的运动。我们的兴趣偏好如下。

景点：对历史古迹和文化遗址特别感兴趣，像兵马俑、古城墙这类具有深厚历史底蕴的地方；自然风光方面，想去周边的终南山感受一下。

美食：喜爱各种陕西特色美食，如羊肉泡馍、肉夹馍、凉皮等，也想品尝一下当地的特色面条等。

活动：希望能观看一场精彩的历史文化演出，如《长恨歌》；还想体验当地的传统民俗活动，如逛庙会。

特殊需求：想安排一天时间去西安周边的袁家村游玩，那里有很多民俗文化和美食；住宿希望安排在靠近市中心景点的酒店，房间最好是有两张床的标间，预算在每晚 200～400 元。

答：上海—西安 7 天 6 晚完美行程（8000 元预算版）

一、交通

大交通：提前预订特价机票或选择火车出行。火车硬卧从上海到西安，单人往返约 700 元，三人共计约 2100 元。虽然耗时较长，但能节省不少费用。

市内交通：以地铁和公交为主，结合少量打车。提前下载西安地铁 App，方便出行。三人每天交通花费预计 70 元左右，7 天共计 490 元。去终南山和袁家村，选择性价比高的拼车或跟团一日游，终南山一日游拼车往返每人约 80 元，三人共 240 元；袁家村一日游跟团含往返交通和导游，每人 150 元，三人共 450 元。

二、住宿

选择钟鼓楼附近的经济型酒店或民宿，每晚 200～300 元，6 晚住宿费用控制在 1800 元左右。可以多平台对比价格，提前预订获取更优惠的价格。

三、每日行程

5 月 1 日：抵达西安—钟楼和鼓楼—回民街

上午：抵达西安后，乘坐机场大巴转地铁前往酒店办理入住，稍作休息。

下午：前往钟楼和鼓楼，仅在周边拍照打卡，不登楼，免费。

晚上：前往回民街品尝小吃，人均消费 40 元左右，三人共 120 元。

5 月 2 日：西安城墙—碑林博物馆

上午：前往西安城墙，可以步行一段感受氛围，城墙门票 54 元左右，三人共 162 元。

下午：参观碑林博物馆，提前在公众号预约免费时段，不购买收费特展门票。

晚上：在城墙附近的小店就餐，人均消费 35 元左右，三人共 105 元。

5 月 3 日：兵马俑—华清宫—《长恨歌》演出

上午：乘坐地铁转公交前往兵马俑，门票 120 元左右，三人共约 360 元。

下午：前往华清宫，门票 120 元左右，三人共约 360 元。

晚上：观看《长恨歌》演出，选择价位较低（180 元）的座位，三人共 540 元。

5 月 4 日：终南山一日游

全天：参加拼车一日游，欣赏自然风光，拼车往返每人 80 元，三人共 240 元。山上就餐人均 30 元，三人共 90 元。

5 月 5 日：袁家村一日游

全天：跟团前往袁家村，跟团费用每人 150 元，三人共 450 元。在袁家村内就餐及消费人均 80 元，三人共 240 元。

5 月 6 日：陕西历史博物馆—大雁塔

上午：前往陕西历史博物馆，提前预约免费门票。

下午：前往大雁塔，在周边拍照打卡，不进入大慈恩寺，免费。

晚上：在大雁塔附近就餐，人均消费 40 元左右，三人共约 120 元。

5 月 7 日：返程

上午：办理酒店退房手续，在酒店附近就餐，人均消费 30 元左右，三人共 90 元。饭后在市区购买一些价格实惠的陕西特色纪念品，如普通剪纸、小皮影等，预算 500 元。

下午：乘坐地铁转机场大巴前往机场，返回上海。

四、预算总结

交通：火车 2100 元 + 市内交通 490 元 + 终南山拼车 240 元 + 袁家村跟团 450 元 =3280 元

住宿：1800 元

餐饮：每天人均 70 元左右，三人 7 天共计 1470 元

门票及活动：兵马俑 360 元 + 华清宫 360 元 +《长恨歌》演出 540 元 + 城墙 162 元 =1422 元

购物：500 元

总预算：3280+1800+1470+1422+500=8472 元

目前总预算超出一些，你可以看看是否能接受部分调整，如减少一些购物花费，或者在餐饮方面再降低标准，以便让整体预算更贴合 8000 元。

在预算有限的情况下，合理安排交通，大交通选择性价比高的火车，市内交通规划也注重性价比；住宿定位明确，选在景点附近的经济型酒店，既满足需求又控制成本。行程安排丰富，不过，总预算仍超 8000 元，或许可进一步削减餐饮和购物费用。尽管如此，规划仍具有一定的可行性，值得参考。

2.5 理性使用需付费的 AI 工具

随着各项新兴技术的不断发展，AI 也进入快速升级和更新换代的"快车道"，现在市面上的 AI 工具层出不穷，其中不乏各种付费 AI 工具，但是我们真的有必要去使用付费 AI 工具吗？事实上，对于绝大多数人来说，常规的、基础的 AI 工具就已经能够满足我们的基本需求了。

接下来，我们对目前市面上常见的 AI 工具进行盘点（表 2-2），帮助使用者在"不花一分钱"的前提下找到更适合自己的 AI 工具。

表 2-2　常见的 AI 工具

常见的 AI 工具			
类别	工具名称	主要功能	特点
聊天对话 AI	DeepSeek	信息获取、创意启发、语言学习等对话交互	对话能力和智能反应出色
	文心一言	与人互动、回答问题、协助创作，尤在中文语境表现良好	百度推出，对中文内容处理有优势
	豆包	反应迅速，功能齐全、图文兼具	有较强的文本处理和分析能力
写作生成 AI	Jasper	长篇文章编辑、原创度检测、搜索引擎优化	适合专业内容创作，功能全面
	Writesonic	创作文章、广告、社交媒体等多种文案	多功能，适用多种写作场景
	笔灵 AI	一键生成、续写、修改、扩展及润色文案，有 200+ 模板	模板丰富，创作功能多样
图像生成 AI	Midjourney	在 Dicord 通过指令生成各种风格的高质量图像	生成速度快，综合能力强
	Stable Diffusion	可定制图像效果，精准控制风格	有丰富的参数设置，可操作性强
	Tiamat	支持纯中文提示词，具有"中国风"特色	国内产品，对中文用户友好
图片处理 AI	Photoroom、Pixian 等	智能抠图	抠图质量高，处理复杂对象效果好
…………			

由表 2-2 可知，常见的 AI 工具大致可以分为聊天对话类、写作生成类、图像生成类。当然，除了这些还有许多其他 AI 工具，篇幅所限不再一一展示。

因此，只要你需要，就有很多 AI 工具可以选择，而且大多 AI 工具是综合性的，往往具备写作、图像生成等多种功能。如果不是专业性非常强的工作，无须付费就能基本满足自己的需求。

日常出行和旅游计划安排本就是一个相对主观、自由性较强的活动，我们无须为此耗费额外金钱了。

第 3 章

跨越语言障碍——
AI 翻译让世界无界限

3

3.1 实时语音翻译

近年来，跨境旅游呈现出显著的双向流动特征：不仅来中国旅游的人数明显增长，而且赴海外游的国人数也呈增长趋势。这展现了我国文旅市场的蓬勃发展趋势，同时从侧面反映了我国经济发展水平的提高。然而，并不是所有人都熟练掌握了外语，因此，语言不通成为海外游的"绊脚石"，这时 AI 的作用就凸显出来了。一些 AI 软件具有语音识别、图像识别和自然语言处理等功能，借助这些功能，获得个性化的景区导览不再困难，就像有了一个"贴身导游"。

AI 软件具有大数据分析功能，当我们出国旅游的时候，再也不用为语言不通而发愁了，通过手机上 AI 软件的实时翻译功能，就能够和外国友人畅聊无阻了。比如，豆包具备强大的语音识别和自然语言处理能力，在出国旅游场景下，能支持超过 60 种语言的实时语音对话翻译。使用时，用户打开豆包 APP，按住语音输入按钮说出要翻译的内容，然后选择目标语言，豆包就会快速准确地将其翻译并以语音或文字形式呈现。

第一步：打开手机端的豆包

打开手机端的豆包，进入主页面，如图 3-1 所示。

图 3-1　豆包主页面

第二步：语音翻译功能

在对话页面的下方，具有功能选项栏，包括"帮我写作""AI 生图""拍题答疑""打电话""照片动起来""翻译""音乐生成""网页阅读"等。点击"翻译"功能，如图 3-2 所示。

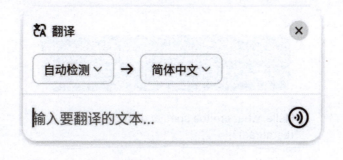

图 3-2　豆包翻译功能

如图 3-2 所示，使用者可以在这里选择翻译的具体模式，目前只包括"简体中文""繁体中文""英语"互译。另外，使用者还可以按住右侧的小喇叭图标，进行实时语音翻译。

第三步：实时翻译

点击对话按钮，长按语言，如图 3-3 所示。

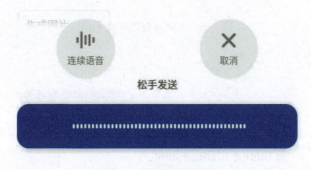

图 3-3　豆包实时翻译

如图 3-3 所示，使用者按住发言键，说出自己想表达的意思，豆包就能直接实时转换翻译。翻译完成后点击"小喇叭"，豆包能以非常标准的发音把这段翻译读出来。

汉译英：餐厅环境（图 3-4 ～图 3-7）

问：你好，请问店里的特色菜有什么？

帮我把这段文本翻译成英语："你好，请问店里的特色菜有什么？"

Hello, what are the special dishes in the restaurant?

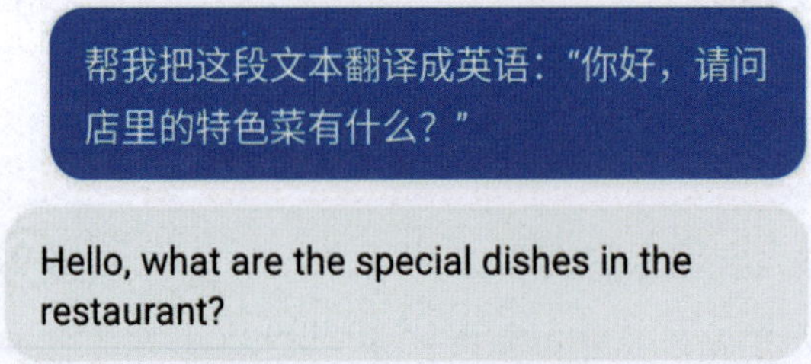

图 3-4　汉译英餐厅环境（1）

问：请问还有空位吗？

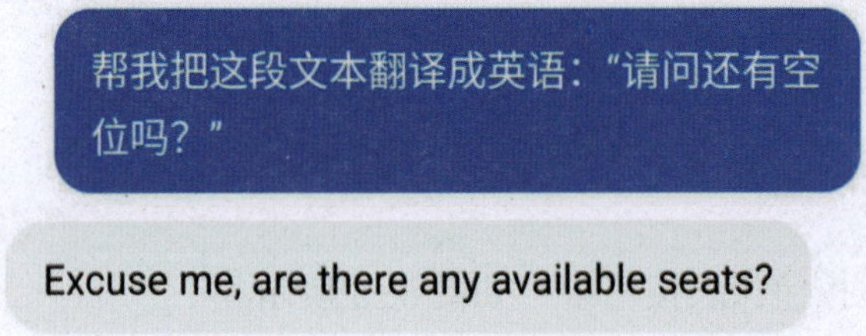

帮我把这段文本翻译成英语："请问还有空位吗？"

Excuse me, are there any available seats?

图 3-5　汉译英餐厅环境（2）

问：有中文菜单吗？

有中文菜单吗？

Is there a Chinese menu?

图 3-6　汉译英餐厅环境（3）

问：我预定了位置，我的名字是……

帮我把这段文本翻译成英语："我预定了位置，我的名字是……"

I've made a reservation. My name is...

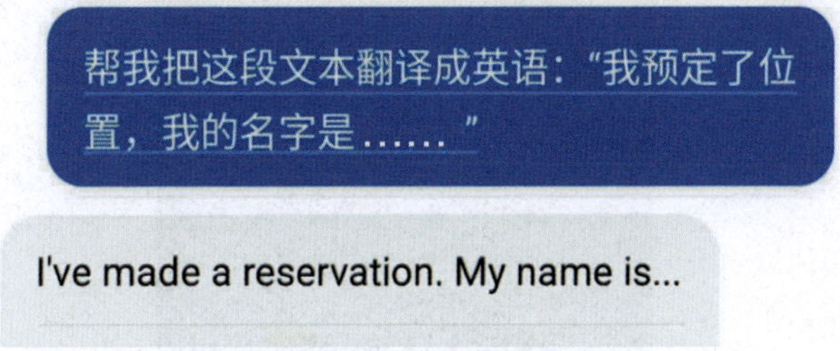

图 3-7　汉译英餐厅环境（4）

汉译英：商场环境（图 3-8）

问：请问这件外套的价格是多少？我对它的款式很感兴趣。

我在找一款特定尺码的鞋子，不知道您这里是否还有库存？我通常穿 42 码的。

我对这款手表很感兴趣，不知道能否试戴一下，看看效果如何？

我刚刚选购了一些商品，现在想要去收银台付款。请问收银台的具体位置在哪里？

我打算用信用卡支付这次的购物费用。请问您的商场接受哪些信用卡品牌？

图 3-8　汉译英商场环境

英译汉：餐厅环境

当我们处于英语环境中，可以在对方说话前，预先设置好翻译（英语 → 简体中文），并点击"小喇叭"，录下对方的语音，豆包就能直接将对方所说的话翻译成简体中文，或者我们也可以选择语音播放。如图 3-9 所示。

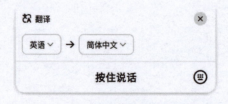

图 3-9　英译汉

对方：Would you like to be seated inside or outside ?

May I take your order now ?

Would you like to make any changes to your order ?

Everything is to your liking, I hope ?

Is everything alright? How was your meal ?

图 3-10 为豆包翻译的上述英文，准确性非常高，可以说做到了让我们跨国零障碍沟通。

图 3-10　英译汉餐厅环境

在全球化的今天，出国旅行、工作或学习的机会越来越多。但语言不通常常成为我们与外国人交流的一大阻碍。不过，借助豆包的翻译功能，这一切都将变得轻松起来。

想象一下，你踏上异国他乡的土地，走进一家充满当地特色的餐厅，服务员热情地迎上来，但一连串的外语让你有些不知所措。这时，你只需拿出手机，打开豆包，点击"翻译"功能，按住语音键并将手机靠近服务员。瞬间，他的话就能被清晰地翻译成中文呈现在你的眼前。

点餐时，面对满是外文的菜单，也无须发愁，只需把菜单上的文字拍照上传给豆包，它就能迅速、准确地将菜品名称和介绍翻译成中文，帮你了解每道菜的食材和烹饪方式，从而助你轻松地做出选择。当你想告诉服务员你对某种食材过敏或者对菜品有特殊要求时，同样可以通过语音或文字输入，让豆包将你的话精准地传达给对方。豆包的"翻译"功能，就像一位贴心的随身翻译，轻松解决你在国外的语言沟通问题，让你尽情享受跨国之旅的乐趣。

3.2　AI 辅助学外语

借助 AI，我们能在跨国旅游时基本无惧语言障碍。事实上，AI 也能辅助我们学习外语，让我们从根本上解决语言不通的问题（本节 AI 辅助学外语以讯飞星火大模型为例）。积累足量的单词是学好英语的"第一步"，如果说英语学习是搭建摩天高楼的过程，那么学好英语单词就是打地基的环节。讯飞星火大模型可以快速查询并提供单词相关的详细资料，帮助用户增加单词储备量。

3.2.1 AI 记单词

无论是常见的单词，还是晦涩难懂的单词，AI 都能"信手拈来"，帮助用户快速掌握单词的核心要点。

简单提问："帮我记一些高频词汇。""给我列出 10 个日常生活中常用的英语单词，并用这些单词造句。"

单一单词提问示例①：【具体单词】这个单词是什么意思，能不能用它造一个简单的句子呢？例如，"abundant 这个单词是什么意思，能不能用它造一个简单的句子呢"？

单一单词提问示例②：请问【具体单词】有哪些常见的词性变化？比如，它的名词、动词、形容词形式分别是什么？例如，"permit 这个单词有哪些常见的词性变化？比如，它的名词、动词、形容词形式分别是什么"？

单一单词提问示例③：【具体单词】在口语和书面语中有什么不同的用法吗？例如，"consider 这个单词在口语和书面语中有什么不同的用法吗"？

近义词对比提问示例：【单词 1】和【单词 2】两个单词意思相近，它们之间有什么区别呀？在什么情况下会更倾向于使用其中一个呢？例如，"big 和 large 这两个单词意思相近，它们之间有什么区别呀？在什么情况下会更倾向于使用其中一个呢"？

反义词拓展提问示例：【具体单词】的反义词有哪些呢？这些反义词在用法上有没有什么需要特别注意的地方？例如，"happy 的反义词有哪些呢？这些反义词在用法上有没有什么需要特别注意的地方"？

> 问：给我提供几个在国外旅游时用到的高频单词，包括其用法等。

答：以下是一些在国外旅游时用到的高频单词及其用法。

一、交通相关

1. flight

名词，意思是"航班；飞行"。

用法：

"I have booked a flight to London."（我已经预订了去伦敦的航班。）

"The flight duration is about 8 hours."（飞行时长大约是 8 小时。）

"There was a delay in the flight due to bad weather."（由于天气不好，航班延误了。）

2. airport

名词，意思是"机场"。

用法：

"We arrived at the airport two hours before departure."（我们在起飞前两小时到达了机场。）

"The airport is very crowded during the holiday season."（在假期，机场非常拥挤。）

"There are many shops at the airport."（机场里有很多商店。）

3. train

作名词时，意思是"火车"；作动词时，意思是"乘坐火车旅行；训练"。

用法：

"The train runs from New York to Los Angeles."（这列火车从纽约开往洛杉矶。）

"I prefer to travel by train because it's more comfortable."（我更喜欢坐火车旅行，因为它更舒适。）

"He trains every day to keep fit."（他每天训练以保持健康。）

......

二、游玩相关

1. attraction

名词，意思是"有吸引力的事物；景点"。

用法：

"The Great Wall is a major tourist attraction."（长城是一个主要的旅游景点。）

"This city has many historical attractions."（这个城市有许多历史景点。）

2. scenery

名词，意思是"风景；景色"。

用法：

"The scenery along the coastline is breathtaking."（沿海的风景令人惊叹。）

"We stopped the car to admire the beautiful scenery."（我们停下车来欣赏美丽的风景。）

......

提问后，讯飞星火大模型迅速给出在海外旅游时用到的高频词汇，并带有例句，用户能根据这些例句充分理解单词的含义，而不只是生硬地记忆。

问：请以表格的形式为我提供 10 个在海外旅游时经常遇到的单词，最好附带相关词组。

表 3-1 为讯飞星火大模型为用户提供的在海外旅游时经常遇到的单词及相关词组，涉及交通、住宿及观光等，与日常生活息息相关，实用性强。

讯飞星火

使用工具：联网搜索

以下是 10 个海外旅游时经常遇到的单词及其相关词组

表 3-1 海外旅游时经常遇到的单词及相关词组（篇幅所限仅展示局部）

单词	词性	释义	相关词组
passport	名词	护照，国际旅行所需的身份证明文件	passport application（护照申请）、renew a passport（续签护照）、passport control（护照检查）
visa	名词	签证，允许在特定国家或地区停留或入境的许可证	tourist visa（旅游签证）、student visa（学生签证）、apply for a visa（申请签证）
hotel	名词	酒店，旅行期间暂时居住的地方	hotel reservation（酒店预订）、check-in（办理入住）、check-out（办理退房）
flight	名词	航班，飞机的班次	book a flight（预订航班）、flight attendant（乘务员）、flight delay（航班延误）
airport	名词	机场，提供航空服务的地方	international airport（国际机场）、domestic airport（国内机场）、airport security（机场安检）
sightseeing	名词	观光，游览名胜古迹、风景名区等景点	go sightseeing（去观光）、sightseeing-tour（观光团）、popular sightseeing spots（热门景点）

3.2.2 AI 单词测验

讯飞星火大模型拥有非常庞大的英语词汇库，涵盖用户在各种场景所需的单词。用户可以通过它进行全面的单词学习和测验，以检验自己的词汇储备量和记忆情况。

讯飞星火大模型可快速生成单词选择题，要求用户根据给出的单词选择正确的含义，或者根据含义选择对应的单词。这种模式可以帮助用户快速检验对单词基本意思的掌握情况。

图 3-11 为讯飞星火大模型为用户生成的检测英语单词掌握情况的选择题。

习题一

请帮我出一道检测英语单词掌握情况的选择题

讯飞星火

当然可以，以下是一道选择题示例：

Question:

Choose the correct word to complete the sentence:

"Despite the _____ weather conditions, the hiker decided to continue on his journey."

A) favorable
B) adverse
C) pleasant
D) comfortable

Answer:

B) adverse

希望这道题目对您有帮助！如果您需要更多题目或者有其他需求，请随时告诉我。

图 3-11　讯飞星火大模型例题（1）

图 3-12 为这道选择题的细致解析，能帮助用户理解选择 B 以及不选 A、B、C 的原因。

解析一下这道题

🔥**讯飞星火**

以下是对这道英语单词选择题的详细解析：

题目回顾

"Despite the _____ weather conditions, the hiker decided to continue on his journey."

选项分析

- **A) favorable**：有利的；良好的。如果选择这个词，句子的意思会变为尽管天气状况良好，但徒步者还是决定继续他的旅程。这种组合虽然在语法上没有问题，但逻辑上有些不合理，因为通常良好的天气不太可能成为继续旅程的阻碍因素。
- **B) adverse**：不利的；恶劣的。这是一个合适的选项，因为句子开头使用了"Despite"（尽管），表示让步关系，即尽管天气状况不利，但徒步者仍然决定继续他的旅程；这在逻辑上是合理的，符合语境。
- **C) pleasant**：愉快的；舒适的。与A选项类似，这个词用来描述天气状况也可以，但同样在逻辑上不太合理，因为愉快的天气通常不会是阻止或考虑是否继续旅程的因素。
- **D) comfortable**：舒适的。这个词同样可以描述天气状况，但在这个语境下，它并不符合句子想要表达的逻辑关系，即某种不利条件下的坚持或选择。

结论

综合以上分析，B选项是最合适的填空选项，因为它不仅在语法上正确，而且在语义和逻辑上都与句子的其他部分相匹配，能够准确地传达出尽管面临不利天气条件，徒步者还是决定继续前行的情境。

问问智能体：　英语长难句分析_偏解释

图 3-12　讯飞星火大模型例题 1 的解析

图 3-13 和图 3-14 为与出国旅游相关的英语选择题和相应的解析。

习题二

帮我生成一道英语选择题，题目的设定可与出国旅游相关，尽量贴合国外的语境。

讯飞星火

以下是一道与出国旅游相关的英语选择题：

Question:

While traveling abroad, it's important to be prepared for different cultural norms and practices. In many European countries, it is customary to _____ when you enter a shop or restaurant.

A) wave at the staff
B) shake hands with everyone
C) say "hello" quietly
D) tip generously

Answer:

C) say "hello" quietly

Explanation:

In many European countries, it is polite to greet the staff when entering a shop or restaurant. A quiet "hello" is often sufficient and shows respect for the personal space of others. Waving or shaking hands with everyone might be considered overly friendly or intrusive, especially in more reserved cultures. Tipping practices vary by country, but it's not a universal custom to tip generously in all European countries.

图 3-13　讯飞星火大模型例题（2）

请详细解析这道题

讯飞星火

当然，以下是对这道与出国旅游相关英语选择题的详细解析：

题目回顾

"While traveling abroad, it's important to be prepared for different cultural norms and practices. In many European countries, it is customary to _____ when you enter a shop or restaurant."

选项分析

- **A) wave at the staff**：向员工挥手。虽然在某些文化中，挥手可能是一种友好的问候方式，但在大多数欧洲国家，当进入商店或餐厅时，这并不是一个普遍的习俗。这种行为可能会被视为过于随意或不专业。

- **B) shake hands with everyone**：与每个人握手。在欧洲，握手通常是一种正式的问候方式，但在进入商店或餐厅时，与每个遇到的人握手并不常见，也可能会显得过于热情或侵扰他人的个人空间。

- **C) say "hello" quietly**：轻声地说"你好"。在欧洲，当进入公共场所如商店或餐厅时，轻声说一声"hello"是一种礼貌且被普遍接受的问候方式。它既表达了友好，又尊重了他人的个人空间。

- **D) tip generously**：慷慨地给小费。在欧洲，给小费的习惯因国家而异，并非所有欧洲国家都有给小费的习惯。此外，进入商店或餐厅时给小费并不是一种常见的做法，且"慷慨地给小费"这一表述也过于绝对，不符合欧洲各国给小费习惯的差异性。

结论

综合以上分析，C选项是最合适的答案。因为它符合欧洲国家在公共场合，特别是进入商店或餐厅时的普遍问候习俗。这种问候方式既礼貌又得体，能够展现出对当地文化的尊重和融入。

图 3-14　讯飞星火大模型例题 2 的解析

3.2.3 AI 情景模拟教学

AI 就像英语情景模拟大师一样，能够帮助用户练习不同情景下的英语交流过程。在日常生活和学习中，很少有人有机会融入英文语境，这就导致一些人会做题，但是表达能力稍显不足。而通过 AI，用户可以进行日常英语对话练习，包括问候、购物、旅游、学校生活等各种场景的对话。在非英语国家，使用 AI 陪聊助手，可以在虚拟环境中进行"沉浸式"学习，模拟不同的场景和对话情景。比如，模拟旅行中的问路、购物、点餐等对话；模拟学校中的课堂交流、与同学的讨论等；模拟工作面试、社交场合等复杂场景；等等。

机场情景

出行在外，机场是我们常需到达的场所之一。在机场中，熟练地与他人沟通至关重要。AI 可以模拟这种情景，从而有效锻炼我们的口语表达能力。

问：模拟机场情景，帮我锻炼英语口语表达能力。假设我是一名在机场值机的游客，你是一名执勤工作人员。采用一问一答的形式练习口语。

工作人员：Do you have any luggage to check in ?

我：Yes, I have two pieces of luggage to check in. Here's my boarding pass and ID. By the way, I'm wondering what the weight limit for checked luggage is ?

工作人员：The weight limit for each piece of checked luggage is 23 kilograms. Your two pieces are within the limit. Here are your baggage claim stubs. Have a nice flight !

我: Thank you so much! I'm really glad to hear that my luggage is within the limit. I appreciate your help. Have a good day !

除了这种方式，我们还可以直接让 AI 生成比较完整、规范的机场情景问答对话模板，照着学习，培养语感和思维方式。需要注意的是，下达指令的时候要清楚地表明对话发生的情景，以及情景中出现的角色，这样 AI 可以准确生成对话内容。

问: 请帮我虚构一段机场情景的对话。场景: 伦敦的某机场。人物: 中国游客和机场执勤人员。

答: 以下是一段发生在伦敦机场的中国游客与机场执勤人员之间的对话:

Chinese Tourist（中国游客）: Good morning! I'm here to check in for my flight. This is my passport and ticket. Am I at the right counter for the flight to Beijing ?

（早上好！我来办理登机手续。这是我的护照和机票。我这是在飞往北京的航班值机柜台吗？）

Airport Staff（机场执勤人员）: Yes, indeed. Let me see your documents, please. You're all set. But just to confirm, do you have any luggage to check in ?

（是的，没错。请让我看一下您的证件。您已经办好了。不过再确认一下，您有行李要托运吗？）

Chinese Tourist: Yes, I have two suitcases. They are over there. By the way, what time should I be at the boarding gate ?

（是的，我有两个行李箱。它们在那边。顺便问一下，我应该什么时候到达登机口？）

Airport Staff: Your gate is B18. The boarding time is 2 hours before departure, which means you should be at the gate by 9 a.m. Please make sure to arrive on time. Have a nice flight!

（您的登机口是 B18。登机时间是起飞前两小时，也就是说您应该在上午九点之前到达登机口。请务必准时到达。祝您旅途愉快！）

接上文，以下是另一段发生在伦敦机场的中国游客与机场执勤人员之间的对话：

Chinese Tourist（中国游客）: Good afternoon! I need to check in for my flight to Shanghai. Here's my passport and ticket.

（下午好！我要办理前往上海的航班登机手续。这是我的护照和机票。）

Airport Staff（机场执勤人员）: Thank you. Let me check... Everything is in order. Do you have any luggage to check in ?

（谢谢。让我查一下……一切都没问题。您有行李要托运吗？）

Chinese Tourist: Yes, I have one large suitcase and one carry-on bag. The suitcase is a bit overweight, though. Is that a problem ?

（是的，我有一个大的行李箱和一个手提袋。不过行李箱有点超重了。会有问题吗？）

Airport Staff: The weight limit for checked luggage is 23 kilograms. Let me see if it exceeds the limit... It's a little over, but I can let it go this time. Just be aware that there may be an extra fee next time. Here are your boarding pass and baggage claim stub.

（托运行李的重量限制是 23 公斤。让我看看是否超过了限制……有点超重了，不过这次我就不计较了。只是下次可能会有额外费用。这是您的登机牌和行李领取存根。）

Chinese Tourist: Thank you so much! What time should I be at the gate ?

（非常感谢！我应该什么时候到达登机口？）

Airport Staff: Your flight is departing from Gate C20. Boarding starts at 10:30 a.m. Please make sure to arrive by then. Have a great trip!

（您的航班从 C20 登机口起飞。上午 10 点 30 分开始登机。请务必在此之前到达。祝您旅途愉快！）

即便在虚构情景下，AI 也生成了比较详细的对话案例，包含中国游客和国外机场执勤人员，对话内容丰富，切合实际，其中许多句式和词组都能直接拿来套用，可以帮助提问者快速提升英语口语能力。比如，"I'm here to check in for my flight" "What time should I be at the gate？" 等。

商场情境

假设我现在在英语语境的商场中，需要你的翻译帮助。

问：我需要寻找卫生间，应该如何提问？

答：以下这些表达都可以用于在英语语境的商场中询问卫生间的位置：

1. Excuse me, could you please tell me where the restroom is?（打扰一下，你能告诉我洗手间在哪里吗？）

2. Excuse me, where can I find the washroom?（打扰一下，我在哪里可以找到厕所呢？）

3. Pardon me, I'm looking for the toilet. Can you show me the

way?（不好意思，我在找卫生间。你能给我指一下路吗？）

4. Excuse me, I need to use the restroom. Where is it located in this mall?（打扰一下，我需要用一下洗手间。它在这个商场的什么位置呢？）

问：我想寻找潮流男装，请问相关的店铺在几楼？

答：以下是你可以用来在英语语境的商场中询问潮流男装店铺所在楼层的表达：Excuse me, I'm looking for trendy men's clothing stores. Which floor are they on?

问：请帮我虚构一段商场情景对话。场景：欧洲的某商场。人物：中国游客；商场工作人员（要求：对话内容贴合实际，具有实际意义，有助于我提升英语沟通能力）。

答：以下是一段发生在欧洲商场中，中国游客与商场工作人员之间的对话：

Chinese Tourist（中国游客）: Good day! I'm looking for a gift for my friend. Do you have any recommendations?

（您好！我想给我的朋友买份礼物。你有什么推荐吗？）

Mall Staff（商场工作人员）: Certainly! We have a lot of great options here. Are you interested in something specific, like fashion, electronics, or perhaps something unique to Europe?

（当然！我们这里有很多不错的选择。您对特定的东西感兴趣吗？比如，时尚用品、电子产品，或者欧洲特有的东西？）

Chinese Tourist: Something unique to Europe would be wonderful. Maybe something that represents European culture or history.

（选欧洲特有的东西是个不错的选择，像代表欧洲文化或历史的东西。）

Mall Staff: In that case, you might be interested in our selection of handmade chocolates or our collection of vintage posters. Both are very popular among tourists.

（那样的话，您可能对我们精选的手工巧克力或古董海报感兴趣。这两者在游客中都很受欢迎。）

Chinese Tourist: The vintage posters sound interesting. Can you show me where I can find them?

（古董海报听起来很有意思。能告诉我在哪里可以找到它们吗？）

Mall Staff: Absolutely! Just head to the second floor, and you'll find a store called "European Memories." They specialize in vintage items and unique souvenirs.

（当然可以！只要到二楼，您会找到一家叫作"欧洲记忆"的商店。他们专门卖古董物品和独特的纪念品。）

3.3　文化语境与幽默感

如今，伴随国际游的火热，具备一定的英语能力越发重要，但是一些想要出国旅游的人的英语水平还没达到与英语为母语者熟练沟通的程度。不过不用慌张，只要熟练运用 AI 工具，就能让自己游刃有余地与外国友人交流，甚至还可以增添交流的趣味性。可以说，AI 工具已成为游客在国外融入当地文化的有力帮手。

出发前了解目的地文化

在出发前，我们可以向 AI 提问。AI 则会依靠其搜索、推理和生成能力，为我们提供旅游目的地的文化背景，如表 3-2 所示。

表 3-2　AI 提供的旅游目的地的文化背景

提问公式	示例	解析
【主题】+【目的地】+【具体需求】	日本茶道文化的起源和发展历程是怎样的？意大利歌剧艺术在当代的发展如何？	先明确文化主题，指出目的地，再阐述想了解的具体内容，如起源、现状等
【场景】+【目的地】+【行为或事件】+【文化规则/注意事项】	在泰国参加泼水节时，哪些行为是被当地文化所忌讳的？在英国参加商务会议，从着装到交流方式，有哪些需要遵循的文化规则？	构建旅游目的地的具体场景，明确行为或事件，询问相关文化规则、禁忌或注意事项
【时间限定】+【目的地】+【文化主题】+【相关问题】	中世纪时期，法国建筑风格的主要特点有哪些？21 世纪以来，澳大利亚土著文化的传承与保护情况如何？	设定时间范围，针对目的地特定文化主题，提出相关问题，聚焦特定时期文化状况

在提问的时候，可以尝试使用高效提示词。对于 AI 来说，由于初始设定和长时间的数据搜集积累，它们对于部分词汇具有较高的敏感性，运用这些高效提示词，能让 AI "秒懂" 提问内容。

具体细节：想要了解详细信息时，使用 "详细介绍" "具体内容" "详细流程" 等词汇。

示例：详细介绍一下【目的地】的婚礼习俗，包括筹备过程、仪式流程等。

例如，详细介绍一下印度的婚礼习俗，包括筹备过程、仪式流程等。

特定时期：若对某个时间段的文化情况感兴趣，用"[时间段] 的"来限定。

示例：18 世纪的英国社会文化特点有哪些？

原因探究：想知道文化现象背后的原因，加入"为什么""原因是"等词语。

示例：为什么【目的地】的【文化现象】会这样发展？

例如，为什么日本的动漫文化如此发达？

当代现状：关注文化在现代的情况，使用"现代""如今""当代"等词汇。

示例：如今【目的地】的年轻人对传统手工艺的态度是怎样的？

例如，如今埃及的年轻人对传统手工艺的态度是怎样的？

问：详细介绍一下【苏格兰】的婚礼习俗，包括筹备过程、仪式流程等。

答：这是按照"【主题】+【目的地】+【具体需求】"的提问公式进行提问的。关于苏格兰婚礼习俗，从筹备到仪式流程都有独特的传统，以下为你展开介绍。

筹备过程

婚礼场地：很多新人会选择在历史悠久的城堡举办婚礼，如爱丁堡城堡，这些城堡不仅有独特的建筑风格，还充满历史韵味，象征着永恒的爱情。如果不选城堡，还会选择有美丽自然风光的场地，像苏格兰高地的草原，周围环绕着青山绿水，为婚礼增添浪漫氛围。

婚礼服饰：新郎通常会穿传统的苏格兰方格呢短裙，搭配黑色夹克、白色衬衫、领带以及黑色长筒袜，袜子上还会别着苏格兰传统的匕首配饰。新娘的婚纱则多为白色的欧式传统婚纱，不过会在细节上融入苏格兰元素，如蕾丝花边、绣有苏格兰标志性的蓟花图案。

婚礼食物准备：会准备苏格兰特色美食，如哈吉斯，这是一种将羊杂碎、燕麦等混合后装入羊胃煮熟的食物，威士忌也是必不可少的，它会在婚礼各个环节中被饮用，代表着对新人的祝福。

仪式流程

入场环节：婚礼开始时，风笛手会吹奏欢快的苏格兰风笛曲，引导新人入场。新人会在亲朋好友的欢呼声中步入婚礼场地，新娘挽着父亲的手臂，缓缓走向新郎。

宣誓环节：新人站在牧师面前，互相许下爱的誓言。誓言内容除了常见的承诺，还会有一些体现苏格兰文化特色的表达，如承诺一起守护家族的传统等。

结手礼：这是苏格兰婚礼中非常重要的环节，新人会将右手放在一起，用一条象征着永恒的苏格兰格子丝带将他们的手绑在一起，牧师会为他们祈祷祝福，寓意着新人从此紧紧相连，共同面对未来的生活。

庆祝环节：仪式结束后，会举行盛大的宴会，大家一边品尝美食，一边畅饮威士忌。接着会有传统的苏格兰舞蹈表演，如里尔舞，新人及宾客都会参与其中，整个婚礼充满欢乐和热闹的氛围。

如果你还想了解苏格兰婚礼在其他方面的内容，或者想知道其他地区的文化习俗，随时告诉我。

按照一定的提问公式提问，并且附带高效提示词，AI 给出的答复就会非常明确。这时候我们可以继续提问，看看有哪些禁忌事宜，避免自己在旅行时不小心触犯。

接上文

问：作为游客，偶遇苏格兰婚礼，有哪些要注意的事项，尤其需要极力避免的问题。

答：当偶遇苏格兰婚礼，以下是一些需要注意的事项以及要极力避免的问题。

注意事项

尊重仪式

保持安静，不要在仪式进行过程中大声喧哗、嬉笑打闹或交头接耳，以免干扰新人与牧师以及在场宾客，影响仪式的庄重氛围。

遵循现场工作人员或宾客的引导，不要随意走动或闯入正在进行仪式的区域，如圣坛附近等。

着装得体

虽然是偶遇，也应尽量保证着装相对正式、整洁，避免穿着过于随意或暴露的服装，如短裤、拖鞋、过于短小的裙子等。

可以参考在场宾客的穿着风格，若拿不准，选择简约的正装或半正装较为稳妥。

摄影规范

如果想拍照留念，先观察现场是否有禁止拍照的标识，或者询问在场的工作人员、新人亲属等是否允许拍照。

即使允许拍照，也不要使用闪光灯，以免影响仪式的进行和他人视线，同时不要为了拍摄到好的角度而妨碍到婚礼的正常流程或他人观礼。

礼貌互动

如果想与婚礼宾客交流，要使用礼貌用语，表达对新人的祝福。可以说一些诸如 "Congratulations to the newlyweds!"（恭喜新婚夫妇！）之类的话语。

尊重当地的语言习惯和交流方式，苏格兰部分地区可能会使用盖尔语等方言，若对方使用方言交流，耐心倾听，若听不懂可以礼貌地请求对方用英语再说一遍。

避免的问题

避免不恰当话题

不要在婚礼场合讨论政治、宗教冲突等敏感话题，苏格兰在历史上有过宗教和政治方面的纷争，这类话题可能会引起在场一些人的不愉快或尴尬。

避免提及新人或其家庭的负面信息、过往的不愉快经历等，以免扫了新人的兴。

避免不礼貌行为

不要对婚礼的仪式、服饰、习俗等表现出嘲笑、不屑的态度，即使某些习俗与自己的文化不同，也要保持尊重和包容。

不要未经允许就触摸婚礼上的一些重要物品或装饰，如新人的婚戒、婚礼蛋糕、苏格兰格子丝带等，这些物品都有特殊的意义和用途。

避免过度打扰

不要过度纠缠新人或其家人，不要过度询问关于婚礼的各种细节或个人问题，他们在婚礼期间非常忙碌，有很多事情要处理，应给予他们足够的空间和时间。

不要强行要求与新人合影或参与到他们的庆祝活动中，除非得到明确的邀请，以免给他们带来困扰。

运用 AI 翻译增加幽默感

在国内，我们的幽默常基于熟悉的文化典故、方言俗语、社会热点等。比如，一些网络热梗，国人一听就懂其中的诙谐，但外国人因不了解其背后的文化语境，很难体会到笑点。而英语国家的幽默，如英式幽默，常带有自嘲、反讽，依赖对其社会阶层、传统等的理解。像英国人频繁拿天气打趣，若不了解英国多变的天气在当地人生活中的特殊地位，就难以捕捉到笑点。美式幽默则更直白、夸张，常围绕流行文化、体育赛事等展开。

初次到国外旅游，即便英语水平较高，我们也不一定真的能让外国友人体会到我们语言中的幽默，这时候，不妨让 AI 帮我们一把。比如，在国外旅游时，可以让 AI 帮我们将要表达的内容翻译成带有一定幽默感的语言，这样可以瞬间拉近自己与当地人的距离。比如，在澳大利亚，AI 将"Where can I find a good place to relax？"翻译成"G'day! I'm after a top‒notch spot to kick back and unwind. Any ideas？"（你好啊！我在找个超棒的地方放松放松，有啥主意不？）。这种融入澳大利亚特色问候和口语化表达的翻译，能让当地人觉得你对他们的文化有所了解，从而更愿意和你交流。

在让 AI 翻译带幽默感的英语时，可以从明确表达需求、设定场景、提供风格参考等方面给出提示，让 AI 理解你的意图，从而生成更符合预期的内容，如表 3-3 所示。

表 3-3 AI 翻译带幽默感的英语

分类	提问示例	原句	翻译结果
明确表达需求	请把这句话翻译成带有幽默感的英语，语气轻松有趣些	我好饿，感觉能吃下一头牛	I'm so hungry that I could probably eat a whole cow, horns and all
明确表达需求	帮我把这段话翻译成诙谐幽默的英文，最好能让人会心一笑	这天气热得离谱	The weather is so hot that even the sun is sweating
设定场景	在和美国朋友聚会时，我说"大家随意，就像在自己家一样"，请翻译得幽默风趣点	大家随意，就像在自己家一样	Make yourselves at home, or at least as comfortable as you'd be in your own messy living rooms

续表

分类	提问示例	原句	翻译结果
设定场景	在英国的酒吧里,我想对酒保说"给我来杯最特别的酒",请用幽默的英语翻译	给我来杯最特别的酒	Bartender, hook me up with the quirkiest drink you've got hidden back there
提供风格参考	我想要美式幽默风格的翻译,这句话是"我真的赶时间,感觉像在和时间赛跑"	我真的赶时间,感觉像在和时间赛跑	I'm really in a hurry. I feel like I'm in a full − on sprint against the clock, and the clock is winning
提供风格参考	用英式幽默的方式翻译"这电影太无聊了,我都快睡着了"	这电影太无聊了,我都快睡着了	This movie is rather dull.I'm on the verge of having a power−nap right here in the cinema

问：请把这句话翻译成有幽默感的英语，最好能让外国人笑出声：我起床困难，每天早上都像在和床拔河。

答：I have a super tough time getting out of bed. Every morning, it feels like I'm in a tug - of - war with my bed, and the bed always seems to be winning!

问：帮我把这句话翻译成诙谐逗趣的英文，要那种能让人眼前一亮：我今天运气差到极点，感觉连老天爷都在针对我。

答：My luck today is so unbelievably bad that I'm starting to think even the Almighty up there has it in for me!

问：我想用美式幽默风格翻译这句话：我找东西的能力太差

了，每次找东西都像大海捞针。

答：I'm so bad at finding things. Every time I search for something, it's like I'm trying to find a needle in a haystack the size of the whole ocean!

问：用美式幽默风格翻译这句话：我家的狗狗太调皮了，每天都把家里搞得乱七八糟。

答：My dog is so rascally! Every day, it turns the house into a total disaster zone. It's like a mini tornado has taken up permanent residence in my place!

问：在德国的音乐节现场，我对旁边的人说"这场音乐太震撼了，我的耳朵都要怀孕了"，用具有幽默感的英语将它翻译出来。

答：This music is so mind-blowing that my ears are about to have a baby!

第4章

智能导览——
景点文化的深度挖掘

4

4.1　AI 文字和语音导览

AI 具有快速分析和理解的能力，当旅游"小白"去外地旅行的时候，即便不了解相关的文化背景、历史渊源等，只需打开手机上的 AI 软件（本章以豆包为例），以文字或语音形式向它发问，它就能快速给出相应答复，就像一位非常敬业的"贴身导游"。

4.1.1　AI 文字导览

当我们走进某个陌生景区，奇特的建筑模式会令我们感到新奇，这时候，打开豆包就能获得贴切的 AI 文字导览。

当然，由于景区的类别不同，在提问时需要遵循一定的原则和标准。我们暂且将它们分为历史遗址类、古建筑类、博物馆类和民俗文化类。

历史遗址类景区

对于历史遗址类景区导览，向 AI 提问时需要侧重突出遗址的历史背景、形成原因、考古发现、现实意义等词汇。

高效提示词：【建造年代】【用途】【存续时长】【历史事件关联】【文化元素】【建筑工艺解密】【与其他遗址的异同】【古时用途】。

历史遗址类景区 AI 导览的提问角度及公式、示例如表 4-1 所示。

表 4-1　历史遗址类景区 AI 导览的提问角度及公式、示例

提问角度	提问公式	示例
基础信息	【遗址名称】的【建造年代 / 地理位置 / 建造者 / 用途】是什么	金字塔的建造年代是什么时候

提问角度	提问公式	示例
历史影响	【遗址名称】在【具体历史时期】对【政治/经济/文化/军事等领域】产生了怎样的影响	罗马古城在古代军事领域产生了怎样的影响
文化内涵	【遗址名称】体现了【哪个民族/地区】的哪些文化特色和价值观念	吴哥窟体现了柬埔寨哪些文化特色和价值观念
建筑工艺	【遗址名称】的建筑结构和工艺有哪些独特之处，运用了哪些材料	帕特农神庙的建筑结构和工艺有哪些独特之处，运用了哪些材料
考古发现	在【遗址名称】的考古过程中，发现了哪些【文物类型/遗迹现象】，有何意义	在庞贝古城的考古过程中，发现了哪些文物，有何意义
保护发展	【遗址名称】目前面临哪些保护问题，采取了什么保护措施，未来有什么发展规划	马丘比丘目前面临哪些保护问题，采取了什么保护措施，未来有什么发展规划

提问示例：

雅典卫城作为古希腊宗教与政治的核心区域，发挥过什么作用？

巨石阵体现了英国哪些远古的文化观念？

在佩特拉古城考古中发现了哪些独特的文物，能反映当时的什么情况？

情景演绎：针对英国伦敦巨石阵（图 4-1），请 AI 进行导览。

图 4-1　英国伦敦巨石阵

问：你好，我现在到了伦敦巨石阵，想请你做我的导览，可以吗？

答：当然可以呀！很高兴能为你做导览。巨石阵是一处非常神秘且极具历史价值的遗迹呢。

问：介绍一下巨石阵的历史背景和文化意义。

答：巨石阵作为英国的著名史前建筑遗迹之一，拥有深厚的历史背景和丰富的文化意义，以下是详细介绍。

历史背景

建造时期：巨石阵的建造时间跨度很长，大约从公元前 3100 年一直持续到公元前 1600 年左右，历经了新石器时代晚期和青铜时代早期。整个建造过程被划分为多个阶段，每个阶段分别反映了当时人类社会和技术的发展变化。

建造过程

第一阶段：约公元前3100年，最初的巨石阵只是一个简单的圆形土堤和壕沟结构，可能用于标记某种特殊的地点或举行简单的仪式。

第二阶段：公元前2600年左右，开始引入一些较小的蓝砂岩，这些石头可能是从威尔士的普雷塞利山脉搬运而来，距离巨石阵约321千米。在当时的技术条件下，这是一项极为艰巨的任务，这也说明当时的人类已经具备了一定的组织和工程能力。

第三阶段：公元前2500年至公元前2400年，巨石阵进入主要建造阶段，巨大的砂岩巨石被竖立起来，形成了现在我们看到的标志性的巨石圆圈和三石塔结构。这些砂岩巨石每块平均重达25吨，其搬运和竖立需要大量的人力和先进的技术。

第四阶段：公元前2000年至公元前1600年，巨石阵又经历了一些小规模的调整和改造，增加了一些附属结构和小型建筑。

社会背景：在巨石阵建造时期，英国处于史前社会，人们以狩猎、采集和原始农业为生。巨石阵的建造需要大量的人力和资源，这意味着当时已经有了一定程度的社会组织和分工，可能存在着某种形式的宗教或政治权威来组织和协调这项庞大的工程。

文化意义

宗教与仪式意义：巨石阵很可能是一个重要的宗教仪式场所。在古代，人们对自然现象和超自然力量充满敬畏，巨石阵的特殊布局和环境可能被视为与神灵沟通的神圣空间。一些学者认为，这里可能举行过与太阳崇拜、祖先崇拜或其他原始宗教信仰相关的仪式，人们在这里祈求丰收、平安和神灵的庇佑……

情景演绎：针对山顶洞人遗址，请AI进行导览。

问：我目前在山顶洞人遗址，请帮我做导览，介绍山顶洞人文化遗址与其他遗址的异同。

答：欢迎来到山顶洞人遗址！下面我来为你介绍一下山顶洞人遗址与其他一些常见古人类遗址的异同。

与北京人遗址的异同

相同点

地理位置：山顶洞人遗址和北京人遗址都位于北京周口店地区，在大的地理环境上有一定的相似性，都处于华北地区的山地与平原过渡地带，附近有河流等水源，周边生态环境较为丰富，为古人类提供了生存的基础条件。

时代相近：都属于旧石器时代的古人类遗址，北京人生活在距今约70万～20万年，山顶洞人距今约3万年，都处于人类进化的重要阶段，见证了人类从猿向现代人逐渐演化的过程。

居住方式：两者都以洞穴为居住场所，利用天然洞穴躲避自然环境的威胁，如风雨、野兽等，洞穴为他们提供了相对稳定和安全的生活空间。

不同点

体质特征：北京人保留了较多的猿的特征，如头骨低平、眉骨粗壮等；山顶洞人在体质特征上已经和现代人基本相同，脑容量也与现代人相近，表明山顶洞人在各方面更接近现代人。

生产生活方式：北京人主要使用打制石器，以采集和狩猎为生，群体生活相对原始和简单；山顶洞人除了使用打制石器，还掌握了磨制和钻孔技术，会缝制衣服，有了更复杂的生产工具和生活方式，并且有了一定的审美观念和原始宗教信仰，如山顶洞人遗址中发现了穿孔的兽牙、石珠等装饰品。

社会组织形式：北京人可能处于较为松散的原始群居阶段；山顶洞人则可能进入了氏族公社时期，有了更紧密的社会组织，成员之间有了更明确的分工和协作……

问：山顶洞人遗址的游览路线是怎样的？请帮我详细介绍。

答：山顶洞人遗址的实际游览路线会受到景区管理规定和现场情况影响，以下是一个大致的游览路线规划供你参考。

1. 景区入口至周口店遗址博物馆：从景区入口进入后，首先前往周口店遗址博物馆。在这里，你能看到大量关于山顶洞人及其他古人类的化石模型、复原文物，通过多媒体展示，系统了解山顶洞人的生活、进化历程以及当时的生态环境，为实地参观遗址打下知识基础。

2. 博物馆至龙骨山遗址区：离开博物馆后，沿着指示牌前往龙骨山。沿途可以看到当年考古发掘的相关介绍牌，了解考古工作的艰辛与重大发现。

3. 龙骨山山脚至山顶洞：顺着登山步道上山，途中会经过北京人遗址等重要地点，能看到北京人当年居住的洞穴、使用过的石器等。到达山顶后，便能抵达山顶洞人遗址。在这里，你可以近距离观察山顶洞的洞口、内部结构，想象山顶洞人在此生活、繁衍的场景，感受史前人类与大自然的依存关系。

4. 山顶洞至其他附属景点（如有）：参观完山顶洞后，可根据景区路线继续前往其他附属景点，如一些展示古人类生活场景的复原区域，或是介绍古人类食物链、周边动植物的科普区域，进一步加深对山顶洞人生活全貌的认识，最后从指定出口离开景区。

> 游览时建议紧跟景区指示标识,听从工作人员引导,这样既能保证安全,又能更好地了解景点背后的历史文化。

古建筑类景区

高效提示词:【建筑名称】【建造朝代】【建筑师】【建筑用途】【建筑结构独特之处】【装饰艺术风格】【民俗文化关系】【文人墨客典故】【历史修缮情况】【不同时期功能变化】【重大历史事件关联】【保护措施成效】【未来维护规划】。

古建筑类景区 AI 导览的提问角度、公式及示例如表 4-2 所示。

表 4-2 古建筑类景区 AI 导览的提问角度、公式及示例

提问角度	提问公式	示例
基础信息	【古建筑名称】+【建造年代/建造师/建筑风格/地理位置】是什么	【故宫】的【建造年代】是什么时候
结构与工艺	【古建筑名称】的【建筑结构特点/采用的建筑工艺/使用的建筑材料】有哪些	【应县木塔】采用的【建筑工艺】有哪些
文化内涵	【古建筑名称】体现了【哪种文化/宗教/民俗】的哪些内涵和意义	【少林寺】体现了【佛教】的哪些内涵和意义
历史变迁	【古建筑名称】在【历史上经历过哪些重大事件/不同历史时期的用途变化/有过几次修缮及原因】	【黄鹤楼】在【历史上经历过哪些重大事件】
艺术特色	【古建筑名称】的【装饰艺术特色(如雕刻、彩绘等)/建筑美学体现/独特艺术元素】有哪些	【布达拉宫】的【装饰艺术特色】有哪些
周边环境	【古建筑名称】周边的【自然环境对建筑的影响/人文环境与建筑的关系/周边配套建筑有哪些】	【拙政园】周边的【自然环境对建筑的影响】有哪些

提问示例:【故宫】的【建造年代】是什么时候?

【比萨斜塔】的【建筑风格】是什么?

【黄鹤楼】在【历史上经历过哪些重大事件】?

【泰姬陵】有过几次【修缮及原因】?

情景演绎:针对故宫(图 4-2),请 AI 进行导览。

图 4-2　故宫

问：故宫的建造年代是什么时候？

答：故宫始建于明成祖永乐四年（1406 年），以南京故宫为蓝本营建，到永乐十八年（1420 年）建成。故宫是明清两代的皇家官殿，旧称紫禁城，位于北京中轴线的中心。它是世界现存规模较大、保存较为完整的木质结构古建筑群之一，见证了中国明清时期的政治、文化和社会变迁，具有极高的历史价值、文化价值和艺术价值。

问：故宫的建筑风格有何特点？

答：故宫的建筑风格具有以下显著特点。

整体布局

中轴对称：故宫严格遵循中轴对称原则，宫殿建筑沿中轴线左右对称分布。主要建筑如午门、太和殿、中和殿、保和殿、乾清宫、坤宁宫等都位于中轴线上，体现了皇权的至高无上和居中为尊的思想，使整个建筑群显得庄重、规整、有序。

前朝后寝：故宫在功能布局上分为前朝和后寝两大部分。前朝以太和殿、中和殿、保和殿三大殿为中心，是皇帝举行重大典礼、朝会和处理政务的地方，建筑规模宏大，气势雄伟；后寝以乾清宫、坤宁宫、交泰殿为中心，是皇帝和后妃生活的区域，布局相对紧凑，建筑风格较为温馨、舒适，体现了内外有别、主次分明的传统礼制观念。

三朝五门：故宫遵循"三朝五门"的古制。"三朝"即外朝、治朝和燕朝，对应着太和殿、中和殿、保和殿三大殿；"五门"依次为大清门（明代称大明门）、天安门、端门、午门、太和门。这种布局体现了中国古代宫殿建筑的传统规制和礼仪制度，强化了宫殿的威严和庄重……

问：我从午门进入，请为我介绍故宫的游览顺序。

答：从午门进入故宫后，以下是一条比较经典的游览路线，能让你较为全面地欣赏故宫的建筑和文物。

1. 前朝三大殿

太和殿：从午门进入后，走过内金水桥，就来到了太和门广场，正北方向便是太和殿。它是故宫等级最高的建筑，俗称"金銮殿"，是皇帝举行重大典礼的地方，如登基、大婚、册立皇后等。在这里可以欣赏到宏伟的建筑外观、精美的金龙和玺彩画以及巨大的蟠龙藻井等。

中和殿：位于太和殿之后，是皇帝去太和殿举行大典前休息的地方。其建筑风格精巧，四角攒尖顶造型独特，殿内陈列着一些古代的礼器等文物。

保和殿：在中和殿之后，清代时，这里是皇帝举行殿试和宴请王公贵族的场所。保和殿的建筑同样庄重典雅，殿前的云龙石雕是故宫最大的一块石雕，雕刻极为精美。

2. 后寝区域

乾清宫：保和殿向北穿过乾清门，就来到了乾清宫，它是明清两代皇帝的寝宫，也是皇帝处理日常政务、召见大臣的地方。殿内的"正大光明"匾十分有名，这里还摆放着一些明清时期的家具和文物。

交泰殿：位于乾清宫和坤宁宫之间，是皇后在重大节日接受朝贺的地方。殿内有象征皇权的玉玺等文物，还有一座自鸣钟，造型精美。

坤宁宫：最初是皇后的寝宫，清代时将其改为祭神场所和皇帝大婚的洞房。坤宁宫内部的布置具有满族特色，可以看到大炕、神杆等设施……

问：我现在走到了乾清宫，请为我介绍乾清宫的相关信息，如建筑风格、历史事件等。

答：乾清宫是故宫内廷后三宫之一，具有丰富的历史文化内涵，以下是关于它的相关信息。

建筑风格

宫殿规制：乾清宫面阔 9 间，进深 5 间，高 20 米，重檐庑殿顶。殿的正中有宝座，宝座上方高悬着由清代顺治皇帝御笔亲书的"正大光明"匾，匾下设有龙椅等皇家陈设。

装饰细节：殿内采用了金龙和玺彩画，梁枋、斗拱等部位都有精美的龙纹图案，彰显皇家的尊贵与威严。门窗的棂格图案多样，工艺精湛，体现了明清时期高超的建筑装饰艺术。宫殿的台基为汉白玉材质，栏杆上雕刻着精美的龙凤云纹等图案，与主体建筑相互映衬，显得庄重而典雅。

空间布局：乾清宫前有宽敞的月台，东西两侧有昭仁殿和弘德殿等建筑。宫殿内部空间开阔，按照功能划分为不同区域，既有皇帝处理政务的办公区域，也有休息等生活区域，整体布局合理，功能齐全。

历史事件

明宫三大案之移宫案：泰昌元年（1620 年），明光宗朱常洛即位后仅一个月便驾崩。李选侍欲挟持皇长子朱由校以自重，占据乾清宫，企图垂帘听政。后来，在杨涟、左光斗等大臣的力争下，李选侍被迫移至哕鸾宫，史称"移宫案"……

博物馆类景区

面对博物馆类景区，从馆内藏品、展览内容、历史文化、参观体验、互动教育角度构思提示词，能帮你快速获取所需信息。

高效提示词：【镇馆之宝 / 特色藏品 / 年代最久远的藏品】【展览主题 / 展品构成 / 背后故事】【反映的历史时期 / 文化现象 / 地域文化特色】【最佳参观路线 / 必看展品推荐 / 参观时长建议】【互动体验项目 / 教育活动安排 / 适合儿童参观的区域】。

博物馆类景区 AI 导览的提问角度、公式及示例如表 4-3 所示。

表 4-3　博物馆类景区 AI 导览的提问角度、公式及示例

提问角度	提问公式	示例
基础信息	【博物馆名称】的【建成时间 / 馆舍面积 / 所属类别】是什么	中国国家博物馆的建成时间是什么时候
藏品详情	【博物馆名称】的【镇馆之宝 / 某类藏品（如书画、陶瓷等）/ 特定年代藏品】有哪些，【有什么特点 / 背后有什么故事】	陕西历史博物馆的唐代藏品有哪些，有什么特点
展览相关	【当前展览名称】在【博物馆名称】的【展览主题 / 展览时间 / 展品构成】是怎样的	"古代中国"展览在中国国家博物馆的展览主题是什么
历史文化关联	【博物馆名称】反映了【哪些历史时期 / 地域文化特色 / 文化现象】	湖南博物院反映了哪些湖湘文化特色
参观规划	【博物馆名称】的【最佳参观路线 / 参观时长建议 / 必看展品推荐】是什么	大英博物馆的最佳参观路线是什么
互动体验	【博物馆名称】有【哪些互动体验项目 / 近期教育活动安排 / 适合儿童参观的区域】	上海科技馆有哪些互动体验项目

提问示例：中国人民革命军事博物馆的建成时间是什么时候？南京博物院的著名书画藏品有哪些，背后有什么故事？河南博物院反映了

哪些中原地区的历史文化？卢浮宫的必看展品有哪些，参观时长大概多久？中国科学技术馆近期有哪些适合小学生参与的教育活动？

情景演绎：图 4-3 为陕西历史博物馆的兵马俑，请 AI 对陕西历史博物馆进行导览。

图 4-3　陕西历史博物馆的兵马俑

问：你好，我现在在陕西历史博物馆。请给我推荐陕西历史博物馆的最佳参观路线以及参观时长。

答：以下是针对陕西历史博物馆的最佳参观路线及参观时长建议，结合了最新的开放政策和展馆信息：

最佳参观路线建议

序厅（中央大厅）

在博物馆的入口处，可以先了解整体布局和陕西历史概况，适合拍照留念。

基本陈列《陕西古代文明》(第一、二、三展厅)

第一展厅：展示陕西早期文明，如半坡遗址、周代青铜器等。

第二展厅：重点展示汉代陶俑、丝绸之路相关文物。

第三展厅：以唐代文物为主，如唐三彩、金银器等，展现盛唐气象。

专题展览(珍宝馆、唐墓壁画馆等)

珍宝馆(需额外门票)：展出何家村窖藏等顶级文物，如兽首玛瑙杯、鎏金舞马衔杯纹银壶等。

唐墓壁画馆(需额外预约)：展示唐代皇室墓葬壁画，艺术价值极高。

临时展览(根据当期主题)

博物馆会不定期推出特展，可在入口处查询最新展览信息。

参观时长建议

基础参观(仅基本陈列)：2～3个小时。

深度参观(含珍宝馆、壁画馆)：3～4个小时。

若包含临时展览：可额外增加0.5～1个小时。

……

希望这些信息能帮助您更好地规划参观，祝您在博物馆有一段愉快的文化之旅！

接下来，让我们看看 AI 能不能针对具体文物做出介绍。

问：现在我走到了唐代文物鸳鸯莲瓣纹金碗这，请为我介绍该文物，如它有什么特点，有哪些历史故事等。

答：鸳鸯莲瓣纹金碗是陕西历史博物馆的一件珍贵唐代文物，以下是关于它的详细介绍。

文物特点

造型：金碗敞口，鼓腹，喇叭形圈足。器身满饰珍珠地纹，腹部以莲瓣纹为主体装饰，上下两层莲瓣相互交错，每层各有十片莲瓣。莲瓣内分别錾刻有鸳鸯、鸿雁、鹦鹉等珍禽瑞鸟及花草图案，姿态各异，栩栩如生。碗底中心还錾刻有一只回首鸳鸯，周围环绕着四片莲叶。

工艺：这件金碗采用了锤揲、錾刻等多种工艺制作而成。锤揲工艺使得金碗的器型规整，器壁均匀；錾刻工艺则用于装饰图案，线条细腻流畅，纹饰精美华丽，充分展现了唐代高超的金银器制作工艺水平。

材质：由纯金打造，质地纯净，色泽光亮，彰显出高贵、奢华的气质。其含金量约为 95%，充分体现了唐代皇家的尊贵与富有。

历史故事

皇家生活的象征：从鸳鸯莲瓣纹金碗精美的制作工艺和奢华的材质来看，它极有可能是唐代皇家或贵族使用的饮食器具。在唐代，金银器的使用有着严格的等级制度，如此精美的金碗无疑是身份和地位的象征，反映了当时皇家贵族奢华的生活场景和追求极致美的审美观念。

美好寓意的寄托：鸳鸯在中国文化中一直是爱情和美满婚姻的象征，而莲花也有纯洁、美好的寓意。金碗上錾刻的鸳鸯和莲瓣图案，或许是当时的工匠有意将这些美好的寓意融入其中，可能是用于某些重要的宫廷仪式或宴会，以表达对美好生活的向往和祝福，也从侧面反映了唐代社会对美好情感和生活的追求。

鸳鸯莲瓣纹金碗不仅是一件精美的艺术品，更是唐代历史文化和社会生活的重要见证，具有极高的历史、艺术和文化价值。

AI 的回答结构清晰，逻辑严谨，语言流畅，通俗易懂。分为"文物特点"与"历史故事"两大部分。关于文物的特点，它进一步细分为造型、工艺、材质，层次分明，便于游客快速抓住核心信息。历史背景结合唐代等级制度与文化寓意，深化了文物的社会意义。

接上文

问：现在我面前的文物是镶金兽首玛瑙杯，请为我详细介绍该文物。

答：镶金兽首玛瑙杯是唐代玉器中的杰出代表，以下是对它的详细介绍。

镶金兽首玛瑙杯介绍

基本信息：镶金兽首玛瑙杯，高 6.5 厘米，长 15.6 厘米，口径 5.6 厘米，1970 年出土于陕西省西安市南郊何家村，现收藏于陕西历史博物馆，是陕西历史博物馆的"镇馆之宝"之一。

造型特点：此杯选用罕见的五彩缠丝玛瑙制成，玛瑙质地温润细腻，纹理自然流畅，色彩斑斓绚丽。杯子的形状为兽首牛角形，兽首的造型独特，双眼圆睁，目视前方，耳朵紧贴头部，仿佛在警惕地聆听周围的动静。兽嘴处镶有金帽，可拆卸，金帽上刻有精美的纹饰，与玛瑙杯身相得益彰，使整个器物显得更加华丽高贵。

工艺特色：运用了高超的圆雕、浮雕和线刻等工艺，工匠巧妙地利用玛瑙的自然纹理和色彩变化，将兽首的形象刻画得栩栩如生，每一个细节都处理得极为精细，展现了唐代玉器制作工艺的巅峰水平。

文化内涵：从造型来看，它带有明显的西域风格，可能受到了中亚、西亚等地文化的影响，是唐代中外文化交流频繁的重要物证，反映了唐代开放包容的文化氛围，以及对不同文化的吸收与融合……

AI 的回答结构清晰，内容翔实，专业性与可读性兼具。比如，玛瑙杯的尺寸、出土地、工艺等基础数据完备；从西域风格、中外交流切入，点明文物的历史价值。对于一般的游客和文物爱好者来说，这样的导览介绍已经足够。

民俗文化类景区

当你在民俗文化类景区，希望 AI 为你导览时，以下高效提示词能帮你快速获取所需信息。

高效提示词:【传统节日活动 / 特色民俗表演 / 定期民俗体验活动】【典型民居建筑风格 / 特色建筑构造寓意 / 传统建筑装饰元素】【传统手工艺种类 / 特色手工艺品制作流程 / 手工艺品传承现状】【招牌美食 / 美食背后的文化故事 / 特色食材及来源】【民俗区历史发展脉络 / 重大历史事件与民俗关联 / 当地民俗起源传说】。

民俗文化类景区 AI 导览的提问角度、公式如表 4-4 所示。

表 4-4　民俗文化类景区 AI 导览的提问角度、公式

提问角度	提问公式
民俗活动	【景区名称】在【具体节日名称】有哪些【传统活动 / 特色表演 / 互动体验】
特色建筑	【景区名称】的【传统民居 / 标志性建筑】有怎样的【建筑风格 / 结构特点 / 装饰特色】
民间工艺	【景区名称】有哪些独特的【传统手工艺 / 手工艺品】，其【制作方法 / 艺术价值 / 传承情况】如何
特色美食	【景区名称】的【招牌美食名称】是怎么做的，有什么【文化内涵 / 背后故事】

续表

提问角度	提问公式
历史文化	【景区名称】有着怎样的【历史发展历程／文化演变过程】,【重大历史事件】对当地民俗有什么影响
民俗服饰	【景区名称】的【传统服饰名称】在【款式／色彩／图案】上有什么特点,穿着时有什么【礼仪规范／场合要求】
民俗传说	【景区名称】流传着哪些著名的【民间传说／神话故事】,它们与当地【民俗风情／传统习俗】有什么联系
传统技艺	【景区名称】有哪些【濒临失传／亟待保护】的传统技艺,【技艺传承人姓名】有什么传承故事
民俗禁忌	【景区名称】在【日常生活／节日庆典】中有哪些【需要注意的禁忌事项／避讳行为】

　　民俗文化类景区 AI 导览提问示例:西塘古镇在端午节有哪些传统活动?福建土楼的圆形土楼有怎样的结构特点?景德镇有哪些独特的传统手工艺?西双版纳傣族的筒裙在穿着时有什么礼仪规范?苏州有哪些濒临失传的传统技艺?西藏在节日庆典中有哪些需要注意的禁忌事项?潮汕牛肉丸的制作对牛肉的部位和捶打次数有什么要求?丽江古城在茶马古道贸易中扮演了什么角色?贵州苗族的银饰服饰工艺繁杂,制作一套完整的银饰需要多长时间?满族旗袍的盘扣样式丰富,常见的盘扣造型有哪些?藏族区域转经筒时,转动方向和顺序有什么禁忌?

　　情景演绎:我在云南省昆明市的云南民族村,请 AI 进行导览。

　　问:我在云南省昆明市的云南民族村,请问这里有哪些传统活动和互动体验,以及有什么独特的传统手艺?

答：以下是云南民族村的传统活动、互动体验与独特传统手艺。

传统活动和互动体验

节日庆典活动

春节期间：大年初一，哈尼族铓锣喧天，以舞祈愿丰收；初二，傈僳族邀游客共饮连心酒；初三，佤族拴红线、摸牛头接财运；初四，拉祜族快乐弹唱；初五，彝族热情打歌；初六，白族斟上三道茶待客；初七，纳西族用古老的象形东巴文字写祝福语。

火把节期间：会有热闹的火把巡游、篝火晚会等活动，游客可以参与到火把传递、围绕篝火跳舞等互动中，感受彝族等民族的火把节文化。

景颇族目瑙纵歌节期间：能体验"万人之舞"，跟随"瑙双""瑙巴"的引领，姑娘手持彩扇，小伙舞动长刀，踏着鼓点纵情欢跳。

日常演艺活动

《高原的呼唤》：在滇池大舞台上演，是囊括云南15个特有少数民族文化元素和歌舞基因的舞台艺术精品。

《七彩云霞》：村寨展演，在阿昌庭院、刀杆广场、白族村戏台等九个村寨按时开演，有彝家左脚舞、佤族甩发舞等传统民族歌舞乐表演。

其他互动体验

打跳活动：夜幕降临后，在傣族、哈尼族等村寨区域，游客可跟随少数民族同胞开启打跳模式，体验民族特色舞蹈。

民族巡游：身着盛装的各族兄弟姐妹载歌载舞欢乐巡游，途中还会有特别的民族快闪，方便游客打卡拍照。

独特的传统手艺

织锦类

阿昌族织锦：以款式奇特、图纹别致、色彩斑斓、质地厚实著称。

> 　　景颇族织锦：景颇族姑娘会把花草树木、飞禽走兽等生活中的
> 事物和想象织进布料里。
>
> 　　傣族织锦：可见高洁的荷花、挺立的槟榔、吉祥的孔雀等图
> 案，形象生动、轮廓鲜明。

4.1.2　AI 语音导览

　　AI 的"功夫"不仅是文字展示这么简单，随着大数据技术和人工智能技术的快速发展，AI 在旅游领域的导览功能扩展出语音模式，当我们向 AI 提出需求后，AI 可以即时提供生动形象的语音导览。

　　请 AI 做语音导览时，可以用文字和 AI 对话，也可以直接发送语音，用户可根据自己的喜好进行选择。

　　如果是发送语音，请遵循以下几点原则，确保 AI 能够"听清"并"理解"提问者的需求。

AI 语音对话的原则

　　为确保 AI 能"听清"并"理解"提问者发送的语音需求，提问者应该尽量遵循以下原则。

　　语音环境方面，要确保周围 1 ~ 3 米内尽量安静，没有杂音干扰，这时的语音录入更清晰。在景区时，发送语音时尽量和其他游客保持一定的距离，确保其他人的声音不被录入，减少外界干扰，提供"纯净"的语音信号；要和手机保持适当的距离，太近或太远都可能影响语音识别效果，建议嘴部和手机的距离控制在 10 ~ 30 厘米为宜；要避免用手指堵住麦克风孔位的情况，确保手机收音顺畅。

　　语音表达方面，语速适中，每 10 秒 20 ~ 30 字，语速过快会让 AI 来不及准确识别语音内容，语速过慢会让 AI 提前识别，误以为语音结束，产生误判；发音清晰，确保每个字的发音清晰、准确，避免含混不清、

字词连读等情况；内容简洁，语音表达内容要清晰明了，避免冗长繁复。假如说想要请 AI 帮忙介绍某古典建筑群中的某一个建筑，直接说"帮我介绍 ×× 建筑群中的 ×× 建筑"即可。

AI 语音对话的技巧

当我们和 AI 进行语音对话时，使用特定的小技巧，能让 AI 的回答更贴切，更符合它"数字导游"的身份。

第一，明确具体问题。与 AI 进行语音对话时，提出的问题越具体，AI 给出的答案就越准确。正确提问：我在故宫旅游，现在走到了乾清宫附近，请为我讲解乾清宫的相关知识（建筑、历史）。错误提问：我在故宫，请为我导览。可见，提出的问题要明确、具体，这样才能让 AI "有迹可循"。

第二，学会拆分问题。在与 AI 对话时，可以尝试将复杂的问题拆分成若干个小问题，然后有次序地提问。例如，想了解去某个景点的路线及门票价格等信息，不要一次性问"我怎么去故宫以及故宫门票多少钱、开放时间是什么样的"，而是先问"怎么去故宫"，再问"故宫门票价格是多少""故宫的开放时间"等，便于 AI "理解"和"回答"。

第三，合理运用限定词。限定词能让问题更加明确、具体，这样 AI 给出的答案更容易符合提问者的需求。在请 AI 进行导览时，语音对话限定词可大致包含这样几个类别：景点限定词（历史古迹类、自然风光类、主题公园类……）、行程限定词（一日游、两日游、三天两晚、慢节奏型、快节奏型、情侣游、家庭游……）、交通限定词（自驾、高铁、飞机、公交、早上出发、晚上到达……）、住宿限定词（酒店、民宿、经济型、舒适型、豪华型、奢华型……）、餐饮限定词（川菜、鲁菜、粤菜、小吃、名菜、人均 50 元……）。当提问者合理运用这些限定词时，AI 会更加"敏感"，严格地遵循限定词的要求给出合适的答案。

如图 4-4、图 4-5 所示，在提问后，AI 以搜索加生成的模式，为提问者提供了关于洛阳龙门石窟的详细内容，包含景区概况、游览路线、景点介绍等。除这些文字展示之外，还可以让 AI 运用语音模式进行导览，这样更直观、更生动。

案例

（语音提问）问：目前我在洛阳龙门石窟，请作为我的导游，为我智能导览。

引用 10 篇资料作为参考 ︿

1. 洛阳龙门石窟旅游攻略_百科

2. 龙门石窟(中国河南省洛阳市的石刻艺术群...

3. 龙门石窟参观路线推荐、配音来自游客视...

4. 龙门石窟懒人详细攻略，不看会后悔！-抖...

5. 2345个洞窟佛龛，10万佛像遭到无一幸...

6. 走进洛阳龙门石窟，千年石刻宝库！-抖音

7. 它是中国四大石窟之首，是世界上营造时...

8. 中国四大石窟之首——龙门石窟-抖音

9. #创作灵感 云冈和龙门有何区别？你更喜...

10. 四分钟带你们走进龙门石窟，真是太震撼...

以下是一份龙门石窟的智能导览内容：

景区概况

- **基本信息：**龙门石窟位于河南省洛阳市，是中国现存规模最大、保存最好的大型

图 4-4　豆包问答——龙门石窟（1）

豆包
doubao.com

游览路线

- **官方推荐路线：** 西山石窟—东山石窟—香山寺—白园，全程需步行，适合体力好的游客，能沉浸式体验石窟文化，大约需要4个小时。

- **亲子/老人路线：** 西山石窟—白园。西山石窟游览快结束时，可在码头花40元坐船到白园。逛完后再白园站花10元坐电瓶车，全程约2小时。

主要景点

- **西山石窟**

  ○ **宾阳三洞：** 包括宾阳北洞、宾阳中洞和宾阳南洞。宾阳北洞有网红剪刀手佛，其手势独特，仿佛在与游客打招呼。

图 4-5 豆包问答——龙门石窟（2）

长按 AI 的答复内容，出现选项栏，选择"朗读"选项即可，如图4-6 所示。

图 4-6　选择"朗读"

专属 AI 导览策略

AI 的强大就在于它出色的数据收集、整合和分析能力。在旅游时，无论用户有什么习惯、什么爱好，只要和 AI "交代"清楚，AI 就能提供较贴切的个性化导览策略，让用户玩得省心、放心。

请 AI 做导游，它能够基于用户的兴趣偏好、时间偏好等多重因素，提供个性化的导览策略。

提问公式：【基础信息】+【核心需求】+【补充条件】。

这里需要着重强调一下公式中这三个要素所包含的内容。【基础信息】指的是旅游相关的各项基本信息，包括出行的时间和地点，如"10月 1 日早上 8 点落地湖南省长沙市，10 月 3 日下午 5 点的飞机返回北京"；"到达广州白云国际机场，准备前往广州市中心游玩"；等等。基础信息中一定要包含时间、地点等因素，要准确，避免含混不清的情况。【核心需求】指的是清楚表达自己对景区的偏好和期望，如"我想看有独特喀斯特地貌的景点"；"我想前往桂林漓江、云南石林"。【补充条件】指的是与出行相关的其他信息，包括交通偏好、住宿偏好、同行人群等。

提问示例：假设我准备前往成都旅游，需要 AI 生成专属导览策略，可以按照提问公式这样提问。

> 问：我准备从北京出发前往成都旅游，以下是相关内容，请帮我生成专属导览策略。
>
> 【基础信息】我计划 2025 年 7 月 15 日上午从北京乘坐高铁去成都东站，7 月 20 日下午从成都双流国际机场返程。
>
> 【核心需求】我特别喜欢自然风光，想去有山有水的地方，像清幽的山林、秀丽的湖泊。我也对当地文化很感兴趣，想参观古老的寺庙，感受浓厚的宗教氛围。我还想体验一下刺激的户外冒险活动，如徒步穿越、攀岩等。另外，我超爱美食，希望能品尝到地道的成都小吃和川菜。
>
> 【补充条件】我的总预算是 6000 元，其中住宿预算每晚 500～800 元，希望酒店位于交通便利的市中心，最好含早餐；交通方面，我更倾向于选择地铁和打车出行；我还带着 10 岁的孩子一起，希望行程中有适合亲子游玩的项目；由于 7 月是成都的雨季，希望能尽量避开雨天出行的安排；我对成都的茶文化很感兴趣，希望能安排体验茶馆文化的活动；最后，我打算购买一些特色的蜀绣工艺品作为纪念品，预算大概 800 元。
>
> 答：一、行程安排
>
> 7 月 15 日：下午抵达成都东站，乘地铁前往市中心酒店办理入住并稍作休息，然后前往人民公园，漫步湖边，欣赏湖光水色，

体验成都慢生活，还可以去茶馆品茶，感受成都的茶文化。晚上可以去奎星楼街品尝冒椒火辣串串香、糖油果子等特色小吃。

7 月 16 日：前往青城山，这里山林清幽，可选择徒步登山，感受自然风光，还能参观道教圣地天师洞，体验浓厚的宗教氛围。山上有一些适合亲子的平缓步道，方便孩子游玩。晚上返回市区吃一顿地道的川菜。

7 月 17 日：前往西岭雪山，这里有壮丽的自然风光，可体验徒步穿越（选择难度较低、安全有保障的路线），山上还有一些适合亲子的游乐设施。如果天气不好，可改为参观建川博物馆聚落，了解历史文化。晚上在附近吃当地特色菜。

7 月 18 日：上午前往文殊院，这是古老的佛教寺庙，能感受浓厚的宗教氛围。下午去锦里古街，这里有古色古香的建筑，可品尝各种成都小吃，还能观看民间艺术表演，非常适合亲子游玩。

7 月 19 日：前往黄龙溪古镇，这里山水相依，可漫步古街，欣赏古色古香的建筑，还能在溪边玩水，体验亲子乐趣。古镇内有多家茶馆，可继续体验茶文化。晚上在古镇品尝当地美食。

7 月 20 日：上午在市区自由活动，可去春熙路逛逛，购买特色蜀绣工艺品。下午前往成都双流国际机场，结束愉快的旅程。

二、住宿推荐

某中高端酒店位于市中心，交通便利，靠近地铁站。价格在每晚 500 ～ 800 元，提供早餐，酒店环境舒适，服务周到。

某中高端酒店地理位置优越，周边美食众多。房间设施齐全，含早餐，价格符合预算。

三、美食打卡

龙抄手、钟水饺、麻婆豆腐、甜水面、黄凉粉等。

四、文化体验

除了上述景点中的茶文化体验，还可参加一些传统茶艺讲座，深入了解成都茶文化。

观看川剧变脸表演，感受传统文化的魅力。

五、购物推荐

蜀锦织绣博物馆：可购买到正宗的蜀绣工艺品，种类丰富，品质有保障。

文殊院附近的小店：有很多特色手工艺品，价格相对亲民。

提问示例二：假设我准备前往广西北海旅游，需要 AI 生成专属导览策略，可以按照提问公式这样提问。

问：我准备从广州前往广西北海旅游，以下是相关内容，请帮我生成专属导览策略。

【基础信息】我计划于 7 月 3 日从广州前往北海。返程时间定在 7 月 9 日。整个行程共计 7 天 6 晚。

【核心需求】我非常向往美丽的海滨风光，想去银滩享受细腻的沙滩和清澈的海水，还想乘船出海，感受大海的辽阔。我对海洋生态和海洋文化充满好奇，希望能参观海洋博物馆、海底世界等场所。另外，我热衷于体验当地特色活动，如赶海、挖沙虫等。我还是个美食爱好者，特别期待品尝各类海鲜、特色糖水和小吃。

【补充条件】我的旅行总预算是 8000 元，其中住宿预算每晚在 500 元以内，希望酒店能提供海景房，最好还有私人海滩。出行方面，我倾向于租车自驾，方便自由安排行程。我有摄影的爱好，希望能规划一些适合拍摄海上日出日落、海岛风光的绝佳点位。最后，我打算购买一些特色纪念品，预算大概为 500 元。

答：根据您的需求，我为您生成了一份 7 天 6 晚北海深度游专属导览策略，涵盖银滩风光、涠洲岛探险、海洋文化体验、特色美食和摄影打卡等内容，确保行程丰富且符合预算。

行程概览

日期：7 月 3 日（广州出发）—7 月 9 日（返程）

总预算：8000 元以内（含交通、住宿、餐饮、门票、租车等）

住宿标准：海景房（500 元 / 晚以内），优先选择带私人海滩的酒店

交通方式：广州与北海的往返高铁 + 北海当地租车自驾

核心体验：银滩日出日落、涠洲岛火山地貌、海洋馆探秘、赶海挖沙虫、海鲜盛宴

Day1（7 月 3 日）：广州—北海，入住海景酒店

交通：

高铁（推荐）：广州南—北海站，约 5 小时，票价约 300 元。

住宿：银滩附近高端海景酒店（可选择带私人海滩的房型）。

下午 / 傍晚：

银滩日落拍摄（推荐"平滩听涛区"，光线柔和，沙滩反射金光）。

晚餐：前往当地风情街，品尝海鲜炒粉、特色糖水。

Day2（7 月 4 日）：银滩深度游 + 海洋文化体验

清晨：

银滩日出（06:30 前抵达"银沙逐浪区"，提前查好日出时间）。

上午：

海洋馆（互动表演 + 海洋生物展览）。

冰雕艺术馆（适合避暑）。

下午：

银滩水上活动（摩托艇、帆船）。

赶海体验（退潮时挖沙虫、捡贝壳）。

晚餐：海鲜大排档（推荐椒盐皮皮虾、蒜蓉蒸扇贝）。

Day3（7月5日）：北海—涠洲岛（火山岛探险）

交通：

乘船至涠洲岛（1~2个小时，单程票价150元左右）。

住宿：涠洲岛南湾海景民宿。

行程：

火山口公园（火山岩地貌＋灯塔拍摄）。

滴水丹屏（日落绝佳点位）。

南湾码头：傍晚渔船归港，拍摄渔港风情，购买海鲜加工。

Day4（7月6日）：涠洲岛环岛游

租电动车（约60元/天），环岛路线：五彩滩（日出＋火山岩潮汐池）—天主教堂（百年历史建筑＋手工艺品集市）—石螺口海滩（玻璃海水＋珊瑚礁浮潜）—贝壳沙滩（捡拾珊瑚碎片和贝壳）。

Day5（7月7日）：涠洲岛—北海，文化休闲日

上午：乘船返回北海，入住老街附近酒店。

下午：老街摄影（骑楼建筑＋特色小吃）；博物馆（了解海上丝绸之路历史）。

晚餐：海鲜烧烤（炭烤生蚝必试）。

Day6（7月8日）：自由活动＋特色体验

选项1：森林公园徒步＋日落拍摄。

选项2：海底隧道＋海洋表演。

纪念品采购：珍珠、手工艺品（预算500元）。

Day7（7月9日）：返程准备

上午：银滩漫步或红树林生态游。

下午：北海站返回广州。

单人预算分配参考：

交通费用（往返）预计在1000元左右，包含高铁的费用以及

涠洲岛船票。

住宿安排为 6 晚，每晚 500 元，总共 3000 元。

餐饮方面预计花费 1500 元，日均 200 元，其中包含海鲜大餐。

门票和活动的费用约 1000 元，涵盖海洋馆、火山公园的门票以及水上项目等支出。

纪念品预算为 500 元，主要用于购买珍珠、手工艺品等。

以上各项费用总计 7000 元，可以根据实际情况进行调整。

Tips

摄影建议：银滩日出、涠洲岛五彩滩潮汐镜面、石螺口蓝眼泪（若遇荧光海）。

海鲜防坑：下午 4 点后渔民直售，加工费白灼 8 元 / 碟。

租车注意：北海路况佳，涠洲岛建议电动车（满电！坡多）。

希望这份攻略能让您的北海之旅充满阳光、海浪与文化体验！如有调整需求，可随时优化细节。

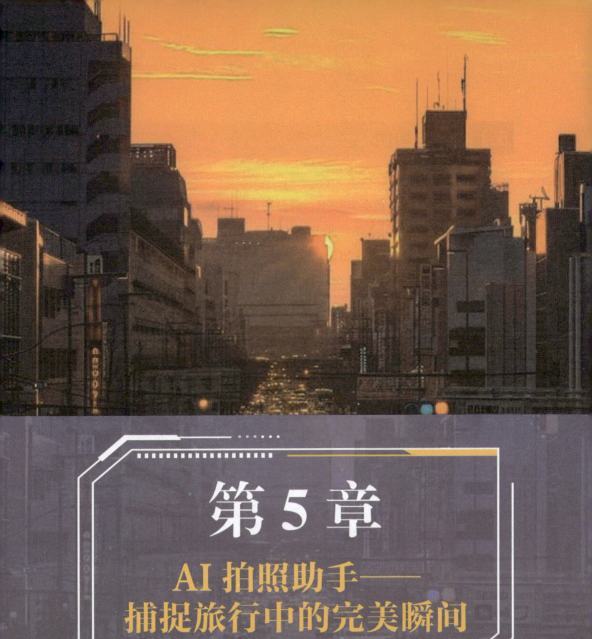

第 5 章

AI 拍照助手——
捕捉旅行中的完美瞬间

5

5.1　智能构图

在当前快节奏的社会背景下，科技正在悄然改变我们的生活，其中很重要的一方面就是 AI 正在重塑旅游业。AI 除了像一位贴身导游，还有许多其他的"才能"。比如，它能给我们提供关于拍照的极大帮助。

对于缺乏拍照经验的游客来说，就需要这样一位如影随形的"拍照助手"。当不知道该怎样拍出美美的照片时，就可以请 AI 出马，进行指导。

在旅游过程中，游客能够利用 AI 软件获取关于拍照构图方面的建议，让拍照变得轻松有趣（本章以豆包以及即梦 AI 作为示例）。

第一步：先对着准备作为背景的景色拍摄一张照片，确保照片清晰，不要有背光、曝光等情况，然后把这张照片发送给 AI，请 AI 进行分析与思考。

第二步，请 AI 根据照片中所显示的景象，给出比较科学合理的构图建议。同时，要表明自己的需求，如希望照片凸显人物的某特点，或者希望照片彰显景色的雄浑壮丽感，等等。

案例一

图 5-1 为甘孜藏族自治州稻城县南部的稻城亚丁风景区景象。

图 5-1　雪山

问：请对图 5-1 所展示的景色进行分析与思考。

答：这张照片展现了壮丽的雪山景色。巍峨的雪山连绵起伏，部分山峰被厚重的云层笼罩，增添了几分神秘氛围。山体覆盖着皑皑白雪，与深色的岩石形成鲜明对比，层次丰富。山脚下有一些树木，在冷峻的雪山的映衬下，显得坚韧而富有生机。

从摄影角度看，画面以雪山为主体，天空中云层的动态感为景色增加了张力。但整体画面色调偏冷，可能会给人带来寒冷、孤寂的感受。

思考这一景色，大自然的鬼斧神工令人惊叹，如此壮美的雪山不仅是视觉盛宴，也提醒着人们自然的力量。同时，这样的环境也较为脆弱，需要人类的共同保护，才能让这份纯净的美长久留存。

上传照片后，AI迅速给出合理分析，分析结果基本贴切，这时继续发问，请AI给出拍照构图建议。

接上文

问：我希望以图5-1的景象为背景拍照，希望彰显大自然的壮美之感，请问我应该如何构图？

答：可以尝试以下几种构图法。

三分法构图：将画面横竖均分为三等分，形成九宫格。你可以把自己置于画面下方三分之一处，让巍峨的雪山占据上方三分之二，展现出雪山的雄伟壮阔，同时突出人与自然的对比。

框架式构图：寻找周围的树木、岩石等，利用它们形成一个天然的框架，把自己和雪山框在其中。这样既可以聚焦视线，又能增添画面的层次感，凸显雪山的壮美。

引导线构图：留意山体的轮廓线、山谷间的线条等，让这些线条自然地引导观众的视线到画面中你的身上，同时能展现出雪山连绵不断的气势。

问：人物在画面中适合摆怎样的姿势？

答：在以这壮美的雪山景色为背景拍照时，以下这些姿势比较合适。

舒展拥抱式：张开双臂，仿佛要拥抱眼前的壮丽雪山，展现出对大自然的赞叹和敬畏，也能让身体线条更舒展，增强画面张力。

静立远眺式：静静地站立，身体微微侧转，望向远方的雪山，脸上带着沉思或欣赏的表情，传递出一种沉浸于大自然美景的意境。

攀登姿态式：做出类似攀登的姿势，如一只手向上抬起，另一只手做出抓握的动作，体现出挑战自然的勇气，也能和雪山背景相呼应。

案例二

图 5-2 为云南省怒江傈僳族自治州贡山独龙族怒族自治县丙中洛镇。

图 5-2　丙中洛镇

问：请对图 5-2 所展示的景色进行分析与思考。

答：这张照片呈现出一幅宁静、秀美的山间村落景致。远处群山连绵，有的山峰隐于云雾之中，增添了朦胧美感。山脚下错落分布着房屋，形成村落，周边是层层叠叠的梯田和茂密植被，显示出人与自然和谐共处的画面。在蓝天白云的映衬下，整体氛围显得格外清新自然。

从景色可以看出，这里生态环境良好，有着浓厚的乡村生活气息。这样的地方是都市人向往的世外桃源，不仅能让人远离喧嚣，感受大自然的宁静与美好，还能体会到传统乡村生活的质朴。同时提醒着我们要重视对这类原生态乡村环境的保护，让这份美好延续下去。

上传照片后，AI 迅速给出合理分析，分析结果基本贴切，这时继续发问，请 AI 给出拍照构图建议。

接上文

问：我希望以图 5-2 的景色为背景拍照，希望彰显这一片广阔景象的悠远感和自然感，请问人物应该怎么安排，有没有比较新奇、特殊的构图法？

答：人物安排

背影或侧影：让人物背朝镜头，面向广阔景色，或展示侧影，仿佛正沉浸在这片天地中，既增添神秘感，又能将观众的注意力引向远方景色，凸显悠远感。

动态捕捉：抓拍人物在自然中的活动瞬间，如奔跑、抛撒手中花瓣，体现人与自然的互动，强化自然感。

构图法

对称构图变体：以山谷中间线为虚拟对称轴，让两侧山峦、植被不完全对称，保留大致平衡，增添画面灵动性，展现景色的开阔。

放射性构图：找到画面中多条向远处延伸的线条，如道路、田埂，让它们以人物为中心向远方放射出去，能强烈引导视线，突出悠远感。

散点构图：将人物与景色中的特色元素，如几棵树、几处房屋，以散点形式分布在画面中，营造出自然随意的氛围。

案例三

图 5-3 为青海省格尔木市可可西里国家级自然保护区景象。

图 5-3 可可西里自然保护区

图 5-3 所显示的景色壮美辽阔，蓝天、白云、荒原、湖水、雪山，几种自然界中具有代表性的景象巧妙搭配、相得益彰，如果游客想要在这里拍照留念，可以预先请 AI 进行场景分析。

问：请对图 5-3 所展示的景色进行分析与思考。

答：以下是对图 5-3 景色的分析与思考。

地貌方面

水域：照片中的水域可能是可可西里众多湖泊中的一个，湖水清澈，可能是咸水湖，在阳光的照耀下波光粼粼，与周围环境相互映衬，为整个画面增添了灵动之美。

荒原：大片黄褐色的荒原占据了画面的中景部分，展现出广袤与苍凉感。荒原上可能有耐寒、耐旱的草本植物。

雪山：远处连绵的雪山是照片的重要背景，山峰在蓝天白云的映衬下显得雄伟壮观，山顶的积雪终年不化，是高海拔和低温环境的体现，也塑造了可可西里冷峻的自然风貌。

气候方面

蓝天白云是可可西里常见的天气景象，表明拍摄时天气状况良好。这里空气稀薄、大气透明度高，所以天空格外湛蓝，云朵洁白且厚重，层次丰富，增加了画面的纵深感。

生态方面

动物：可可西里是珍稀野生动物的家园，虽然照片中没有直观展示藏羚羊、野牦牛、藏野驴等动物，但可以想象它们在这片土地上奔跑、在湖边饮水的场景，它们是可可西里生态系统的重要标志。

植物：在荒原上生长的植物虽然矮小，但顽强地扎根在这片土地上，为高原动物提供了重要的食物来源，同时也对保持水土、维护生态平衡起着关键作用。

相关思考

自然之美与脆弱性：可可西里的景色展现了大自然无与伦比的壮美，这种美是原始且纯粹的。然而，这里的生态环境极其脆弱，一旦遭到破坏，很难在短时间内恢复。比如，过度的人类活动可能导致植被破坏、土地沙化，进而影响野生动物的生存。

生态保护意义：这片区域是众多珍稀物种的栖息地，保护可可西里对于维护生物多样性至关重要。藏羚羊等物种是适应高寒环境的典范，如果它们的生存环境遭到破坏，可能会导致其灭绝，进而影响整个生态系统的平衡。

人与自然的关系：可可西里的存在提醒着人们，大自然有其自身的规律和节奏，人类应该尊重和保护自然，而不是过度地索取和破坏。对于这样的自然保护区，人们应该以敬畏之心去欣赏和对待，遵循相关规定，不随意干扰野生动物的生活，不破坏生态环境。

上传照片后，AI 迅速给出合理分析，分析结果基本贴切，这时继续发问，请 AI 给出拍照构图建议。

接上文

问：我目前身处图片显示的环境中，想在此拍照留念，要求凸显自然的壮美，展现"人与自然融为一体"的艺术感，应该如何构图，请给出合理的建议。

答：以下是几种适合的构图建议。

低角度仰拍：将相机放低，从低角度仰拍自己与远处的雪山，让雪山在画面中显得更加巍峨高大，人物融入其中，凸显自然的壮美和人的渺小，体现人与自然的对比与融合。

镜像对称构图：若水域平静，能形成倒影，可利用这种天然镜像，将人物置于画面一侧，让人物、雪山、天空等元素在水中形成对称画面，增添画面的艺术感。

引导线构图：以湖边延伸向远方的线条为引导线，把人物安排在引导线的一端或中间位置，引导观众视线，展现自然的广阔，同时体现人与自然的融合。

案例四

图 5-4 为云南省丽江市丽江古城景区内的万古楼景点。万古楼是狮

子山上的制高点，在这里能够俯瞰丽江古城的风光。

图 5-4　万古楼

问：请对图 5-4 所展示的景色进行分析与思考。

答：这张照片展现了丽江古城万古楼景区的景色。万古楼是典型的中式古建筑，飞檐翘角，红柱彩梁，层层叠叠向上，气势恢宏。楼体在蓝天的映衬下格外醒目，色彩对比鲜明。周围绿树环绕，增添了生机与古朴氛围，树叶的颜色暗示着季节的特征。

从景色中能感受到浓厚的历史文化底蕴，万古楼融合了纳西族与汉族的建筑风格，体现了民族文化的交融。这样的古建筑不仅是旅游景点，更是历史的见证者，承载着过去的记忆与智慧。它提醒着人们要重视对古建筑和传统文化的保护，让这份独特的文化魅力一直传承下去，也让后人能领略到先辈的建筑艺术。

接上文

问：我准备在万古楼旁拍照留念，希望凸显万古楼的古风古韵，既要保留一定的树木景色，也要让万古楼作为场景的主体，请帮我推荐合适的构图法。

答：以下几种构图法比较合适。

框架式构图：利用前景中的树枝作为天然框架，将万古楼框在画面中间，既能突出万古楼主体，又能增添画面层次感，凸显其古风氛围，同时保留了树木景色。

对称构图：以万古楼的中轴线为中心，让两侧的树木对称分布，使万古楼在画面中显得庄重稳定，增强其威严感与美感。

三分法构图：把画面横、竖均分为三等份，将万古楼置于画面中重要的交叉点或线条附近，如让楼体占据画面下方三分之二，天空占上方三分之一，树木分布在两侧，这样能平衡画面，突出万古楼主体。

问：还有其他的构图法吗？多推荐几个。

答：以下这些构图法也很适合。

引导线构图：利用通往万古楼的台阶、围栏线条等作为引导线，将观众的视线引向万古楼，同时可以把树木安排在引导线两侧，既突出主体，又增添自然氛围，凸显古朴、幽静的氛围。

垂直线构图：将万古楼高耸的形态以垂直线条的方式展现，让楼体自下而上贯穿画面，适当纳入周边高耸的树木，增强画面的纵深感，展现万古楼的雄伟与古风韵味。

中心构图结合留白：把万古楼放在画面中心位置，让其成为绝对主体，留出部分天空或周围空白区域，再点缀些枝叶，使画面简洁又富有意境，凸显万古楼的独特韵味。

问：具体应该怎么操作呢？

答：以下是几种构图法的具体操作方式。

引导线构图：找到通往万古楼的台阶、围栏等具有线条感的元素，站在较低位置，将手机或相机镜头微微上仰，使引导线从画面底部延伸至万古楼，同时调整角度，把周围的树木纳入画面两侧，起到烘托作用。比如，以台阶为引导线，让其在画面中呈现出向万古楼汇聚的视觉效果。

垂直线构图：将手机或相机竖直握持，让万古楼的主体部分尽量充满画面的垂直空间，注意取景时选取一些旁边较高的树木，使其与万古楼平行或交错，增强画面的垂直延伸感。比如，让万古楼的一侧有高耸的树干，形成呼应。

中心构图结合留白：把万古楼置于画面中心位置，确保楼体完整入镜。然后调整拍摄距离和角度，在画面四周适当留出空白区域，如上方留出部分蓝天，旁边留出一些虚化的树枝，以突出万古楼主体，营造简洁、空灵的氛围。

总的来看，AI 给出的答案质量较好，从景色分析到构图推荐，再到具体操作，涵盖了提问的各个方面。针对每个构图法，说明了概念，并结合万古楼场景阐述了如何保留树木景色并突出主体，具体操作步骤也描述得细致清晰，具有很强的实用性。

案例五

图 5-5 为新疆维吾尔自治区巴音郭楞蒙古自治州若羌县的楼兰文化公园。公园内有许多与楼兰古城传说相关的雕像，最具代表性的便是图 5-5 所示的"楼兰美女"雕像。

图 5-5 "楼兰美女"雕像

问：我想为该雕像拍照，希望能凸显雕像的宏观质感，请问我应该如何构图，请给出详细、合理的建议。

答：以下是一些能凸显"楼兰美女"雕像宏观质感的构图建议。

低角度仰拍构图：将相机或手机放置在较低的位置，从下往上仰拍雕像。这样可以使雕像显得更加高大雄伟，增强其宏观气势，同时让天空作为简洁的背景，能突出雕像主体，还能清晰展现雕像面部及岩石纹理的质感。

对称式构图（若环境允许）：寻找一个能让雕像左右两侧环境对称的位置进行拍摄，如以雕像正前方为拍摄点，让两侧的绿植、围栏等对称分布在画面中。对称式构图会给人一种稳定、庄重的感觉，有助于凸显雕像的独特造型和宏观氛围。

框架式构图：利用周围的环境元素，如公园内的拱门、树枝间隙等作为天然框架，将雕像置于框架中央，框架能起到聚焦视线的作用，让观众的注意力集中在雕像上，同时增添画面的层次感，更好地展现雕像质感。

前景虚化构图：在雕像前寻找一些前景元素，如草丛中的花朵、公园的围栏等，使用大光圈（如果是手机可开启人像模式）对焦在雕像上，虚化前景。虚化的前景可以营造出空间感，突出雕像主体，强调其在场景中的存在感和宏观质感。

众所周知，雕刻艺术的关键就是细节，雕工精湛的大师往往能够精准把握艺术品的细节，让其栩栩如生、活灵活现。因此，拍照的时候如果能够凸显雕像的细节，就能达到良好的艺术效果。

接上文
问：拍摄雕像时如何突出细节？

答：要突出"楼兰美女"雕像的细节，可从以下几方面着手。

特写构图：直接对雕像的关键细节进行特写拍摄，如面部的眼睛、睫毛、嘴角，还有岩石表面的纹理等。近距离拍摄能让这些细节充满画面，观众可以清晰看到雕刻工艺的精妙之处。

利用侧光或逆光：在光线的选择上，侧光或逆光很适合突出细节。侧光会在雕像表面形成明暗对比，让面部轮廓和岩石凹凸纹理更有立体感；逆光则可以勾勒雕像边缘，在一些细节处形成光晕效果，如发丝、头饰等，增加画面的层次感和细节的表现力。

微距拍摄：如果设备支持微距功能，可使用该功能拍摄。该功能能够清晰地捕捉雕像上细微的雕刻痕迹、装饰图案等，展现出肉眼不易察觉的精致细节。

背景简化：选择简洁的背景拍摄，避免杂乱元素分散注意力。比如，以蓝天、纯色墙面为背景，让观众视线集中在雕像细节上；也可以通过调整拍摄角度，避开背景中的干扰物。

5.2　场景识别：找到最佳光线与角度

AI 在照片领域的"神力"并不局限于构图方面的建议，它还能通过强大的分析能力，帮助游客找到拍照的最佳光线与角度。

出去旅游，大家都想多拍几张好看的照片发在社交软件收获粉丝与点赞。但想拍出让人眼前一亮的照片可不容易，光线和角度的选择就够让人头疼的。光线不对，拍出来的照片要么太暗，要么曝光过度，景色再美也白搭；角度要是没找好，拍出来的效果也不尽如人意。

不过现在好了，AI 能帮上我们的大忙。AI 能快速分析出当时的光线情况。假如是大晴天，它知道什么时候的光线最柔和，让拍出来的照片颜色更鲜艳，人也显得更好看；要是在傍晚，它能告诉你哪个时间段的夕阳最美，让拍出来的照片氛围感满满。

找角度 AI 也很在行。比如，你要拍一座特别漂亮的桥，它会告诉你站在哪个位置、从什么方向拍，能把桥的全貌和周围的风景都拍得特别好看，同时桥的线条和细节也能展现得清清楚楚。有了 AI 的帮忙，拍照就简单多了，就算是"摄影小白"，也能轻松拍出好看的照片，将旅途中精彩的瞬间完美记录下来。

运用 AI 获取拍照光线与角度的建议时，运用合适的提问公式，会使提问效率更高。常见的提问公式如下，用户可以根据自己喜欢的提问方式自由选取。

提问公式①:【明确拍摄主体】+【环境描述】+【光线与角度需求】。比如，"我在海边，想拍日落时分的海景，帮我推荐合适的拍摄光线和角度"。这种提问方式明确了拍摄主体是海景，环境是海边且时间是日落时分，直接表明需要光线与角度方面的建议，这样 AI 能快速依据特定场景给出具有针对性的答案。

提问公式②:【拍摄场景】+【期望效果】+【光线与角度需求】。比如，"我在古老的小镇街道，想拍出文艺复古风的照片，该怎么选择光线与拍摄角度"。先点明场景，再阐述期望达到文艺复古的效果，最后询问光线与角度建议，AI 就能围绕期望效果在给定场景中构思合适方案。

提问公式③:【主体】+【特殊条件】+【光线与角度需求】。比如，"我要拍盛开的樱花，现在是阴天，求推荐光线运用和拍摄角度"。明确主体是樱花，特殊条件为阴天，AI 能根据阴天光线的特点，推荐如何利用散射光以及合适的拍摄角度拍出令人满意的照片。

运用 AI 找寻拍照光线与角度时，要适当使用高效限定词，以使 AI 的反应更敏感，提问与回答效率更高。高效限定词分为【拍摄主体】【环境】【时间】【期望】【特殊条件】几个大的方面。【拍摄主体】一般是人物、景物等。【环境】一般是室内、室外等。【时间】一般是时刻、季节等。
【期望】一般是效果、风格等。【特殊条件】一般是光线、天气等。尝试
将高效限定词加入提问中，往往能达到更佳的效果。

一般情况下，我们可以用文字的形式向 AI 提问，请见以下示例。

问：我要拍城市街道，现在下着小雨，帮我推荐光线运用和拍
摄角度。

答：在小雨天气拍摄城市街道，若光线和角度运用得当，能够
拍出极具氛围感的照片。

光线运用

利用散射光：小雨天气云层较厚，阳光经过云层散射，形成均
匀柔和的光线，没有明显的阴影。这种光线适合展现街道的整体环
境，如拍摄街道两旁的建筑，能清晰呈现建筑的色彩和细节，使得
画面更显清新自然。

捕捉反光与倒影：在这种天气下，街道上的积水、湿漉漉的地
面以及店铺的玻璃橱窗等，会形成反光和倒影。你可以寻找路灯、
车灯、商店招牌等光源，利用它们在这些物体上形成的反光和倒
影，为画面增添光影层次和动态感。比如，拍摄汽车驶过，车灯在
积水中的倒影拉长，与街道的静态元素形成动静对比。

问：我在摄影棚，想拍出梦幻风格的儿童写真，该怎么选择
光线？

答：以下是一些在摄影棚拍摄梦幻风格儿童写真时选择光线和
拍摄角度的建议。

光线选择

柔和的主光：使用柔光箱或柔焦罩等设备来扩散光线，产生柔和、均匀的主光，避免硬阴影的出现，这样可以使儿童的皮肤看起来更加细腻光滑，营造出温馨、梦幻的氛围。主光的角度可以稍微偏高，从儿童的前上方 45 度左右的位置打下来，这样既能照亮儿童的面部，又能产生一些自然的阴影来塑造立体感。

添加辅光：在主光的对面设置一盏较弱的辅光，用于填充主光产生的阴影部分，使暗部也能有一定的细节和层次，但要注意辅光不能太强，以免破坏主光的效果和整体的光影平衡，一般辅光的强度为主光的二分之一到三分之一。

背景光：为了突出主体和营造梦幻感，可以使用背景光将背景与主体区分开来。选择与主光不同颜色的背景光，如淡蓝色、淡粉色等柔和的色彩，能够为画面增添浪漫、梦幻的色彩氛围。背景光可以打在背景的边缘或角落，制造出渐变或局部照亮的效果，增强背景的层次感和空间感。

轮廓光：在儿童的身后或侧面边缘位置，使用一束较窄的光线作为轮廓光，勾勒出儿童的身体轮廓，使主体从背景中凸显出来，增强画面的立体感和空间感，同时为画面增添一些梦幻的光晕效果。轮廓光的颜色也可以根据需要进行调整，如金色、银色等，增加梦幻的质感……

总的来说，运用文字的方式提问时，只要提问方式得当，AI 就能给出比较实际的拍照建议。不过，如果有附图的话，AI 获得的参考因素会更丰富，所提供的建议也会更贴切。接下来，我们尝试把照片发给 AI，让它给出关于拍照光线与角度的建议。

案例一

图 5-6 为甘孜藏族自治州的色达五明佛学院。学院藏式风格浓郁，"红房子"鳞次栉比，形成别具特色的景象。

图 5-6　色达五明佛学院

模拟情景：游客正位于色达五明佛学院景区内，天气如图 5-6 所示，蓝天、白云、房屋形成和谐的色彩搭配。

问：我目前位于色达五明佛学院，此时天气晴朗、阳光明媚，想要拍出文艺复古风格的旅游照，该怎么选择光线与拍摄角度？

答：在阳光明媚的天气下，要想拍摄文艺复古风格的旅游照，光线与拍摄角度可以这样选择。

光线运用

侧光拍摄：在上午或下午时分，阳光斜射，利用侧光可以凸显错落房屋的立体感和层次感，让红色房屋的色彩更浓郁厚重，营造复古氛围。比如，下午三四点，阳光从侧面照过来，墙面一半明亮一半处于阴影中，能展现出独特的光影效果。

逆光营造氛围：接近傍晚时，阳光从房屋背后照射过来，好像给建筑轮廓镶上了金边，同时天空会更湛蓝，搭配飘动的白云，画面充满诗意，符合文艺复古风格。还可以适当利用烟雾效果（如远处的炊烟），让逆光下的光线更具朦胧感。

柔和的漫反射光：如果阳光过于强烈，可以寻找有树木、屋檐遮挡的地方，利用漫反射光拍摄。这种光线柔和均匀，能细腻地展现建筑细节和纹理，如拍摄房屋的门窗、装饰等，为照片增添复古质感。

拍摄角度

高角度俯拍：找一个较高的位置，如附近的山坡，俯拍整个建筑群。可以将大片红色房屋、远处的山峦和蓝天白云都纳入画面，展现出场景的宏大与壮观，同时能体现出房屋排列的独特布局，给人一种俯瞰历史的感觉……

案例二

图 5-7 为青海省海南藏族自治州的草原景色。这里山脉连绵、水草丰美、自然资源丰厚，景观令人震撼。

图 5-7　青海草原景色

模拟情景：游客正在图 5-7 所示的草原附近。天空多云，水草丰美，景色辽阔。

问：我目前位于图 5-7 所示的草原附近，此时天空多云，想拍出辽阔、壮美的效果，该怎么选择拍照的光线与角度？

答：在多云天气拍摄这片草原，想呈现辽阔、壮美的效果，光线与角度可以这样选。

光线运用

利用漫射光：多云天气阳光被云层散射，形成柔和的漫射光。这种光线均匀，不会产生强烈阴影，能让草原的绿色更加浓郁且色调统一，山脉的轮廓也更柔和。你可以随时拍摄，捕捉草原的整体风貌，展现其广袤无垠。

等待光线变化：留意云层的移动，当有缝隙透出光线时，会在草原和山脉上形成明暗对比。此时迅速抓拍，如光线洒在部分草原上，形成光斑，与周围较暗区域形成反差，可增添画面层次感和戏剧性，凸显草原的辽阔、壮美。

拍摄角度

低角度拍摄：贴近地面，将相机角度放低仰拍。这样能让草原在画面中向远方延伸，增加画面纵深感，同时使天空占据画面上部，展现多云天空的广阔，二者结合强化草原的辽阔感。

高角度俯拍：如果有条件站在高处，如附近的山丘上俯拍。可以将大片草原、远处山脉和天空都纳入画面，全面展示草原的辽阔场景，山脉作为远景衬托，更显草原的壮美……

5.3 后期处理简化：自动滤镜、背景优化与特效

AI 具有强大的图像分析与处理技术，能够辅助我们缩短优化照片的时间，提高效率。在 AI 智能工具上市之前，如果我们想在朋友圈展示自己"美美的"照片，一定免不了对照片"大修一番"，而现在借助 AI 的力量，这一切都能自动解决。

第一步

如图 5-8 所示，打开豆包（网页版），进入主页面。受篇幅所限，截图只展示了主页面的局部，但仍可以看到主界面的各选项，如"AI 搜索""帮我写作""图像生成""AI 阅读""AI 编程""语音通话""AI 智能体"等。

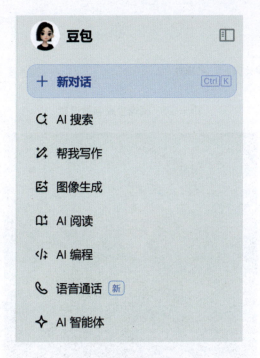

图 5-8　豆包主页面

第二步

如图 5-9、图 5-10、图 5-11 所示，点击"图像生成"，跳转页面，进入图像生成页面，准备开启图像 AI 处理操作。

图 5-9　图像生成

133

描述你所想象的画面，角色，情绪，场景，风格…

🖼 参考图　　🔲 比例　　🖌 风格　　　　　　　　🎤　⬆

图 5-10　图像生成参数设置

图 5-11　图像生成实例

第三步

如图 5-12 所示，开始图像 AI 制作，将自己在旅行过程中拍摄的照片上传至豆包。点击"参考图"，选中图片文件，确定上传。

图 5-12　选中图片

第四步

如图 5-13 所示，比较方便的一种制作模式是智能编辑，选择后，豆包会根据照片选择合适的创作风格。

图 5-13　上传、智能编辑

如图 5-14、图 5-15 所示，用户可以根据自己的喜好编辑和创作，描述自己想象的效果，并设定画面比例。

风格

 人像摄影

 电影写真

 中国风

 动漫

 3D渲染

 赛博朋克

 CG动画

 水墨画

比例

☐ 1:1 正方形，头像

☐ 2:3 社交媒体，自拍

☐ 4:3 文章配图，插画

☐ 9:16 手机壁纸，人像

☐ 16:9 桌面壁纸，风景

图 5-14　比例　　　　图 5-15　风格

如图 5-16 所示，选择图片风格为水墨画，比例为 1：1。

图片风格为 水墨画▾ ，比例 1:1▾

图 5-16　水墨画，1：1

第五步

如图 5-17、图 5-18 所示，等候并检查图片制作结果。

图片风格为「水墨画」，比例「1:1」

图 5-17　等候制作

137

图 5-18　图像生成结果

第六步

　　如图 5-19 所示，如果对豆包自动生成的滤镜和特效不满意，可以点击图片，进入优化编辑页面，对照片进行进一步的优化。

图 5-19　图像优化

案例一

图 5-20 为陕西省渭南市的潼关古城景区。

图 5-20　潼关古城

如图 5-21 所示，将照片上传至豆包的图像生成版块，图片风格选择中国风，比例为 4∶3，结果生成图 5-22。

图片风格为 **中国风**▾ ，比例 **4:3**▾

🖼 参考图   ⊟ 比例   🖊 风格

图 5-21　中国风，4：3

图 5-22　潼关古城优化图

　　相比于原图，豆包自动优化后的照片显得更有传统中国建筑的意蕴美，色调的对比度更鲜艳，同时又不显得过于艳丽。

案例二

图 5-23 为青海省玉树藏族自治州玉树市周边景色。

图 5-23　青海玉树周边景色

　　将照片上传至豆包的图像生成版块，图片风格选择风景，比例为
1∶1，并点击扩图选项，可自动生成照片之外的景象，让画面更丰富、
更生动，如图 5-24 所示。

图 5-24　青海玉树周边景色优化图

案例三

图 5-25 为云南省腾冲市腾冲火山地热国家地质公园。

图 5-25　腾冲火山地热国家地质公园

将照片上传至豆包的图像生成版块，图片风格选择水彩画，比例为 16：9，结果如图 5-26 所示。

图 5-26　腾冲火山地质国家地热公园优化图

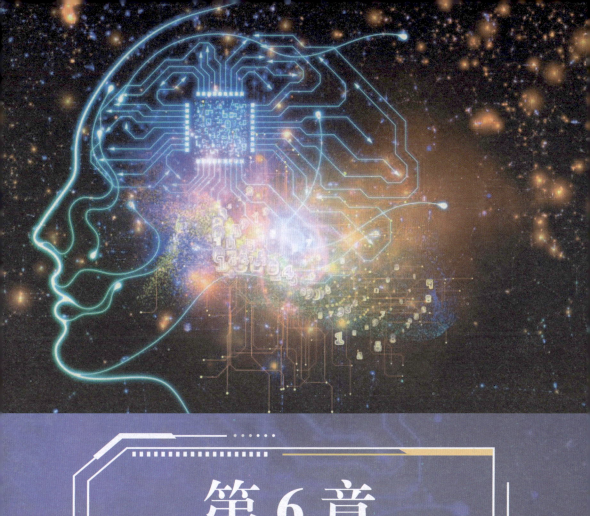

第6章

智能视频创作——
轻松记录与分享你的旅程

6

智能视频随心制作

旅游时忘了拍视频怎么办？用手机对着美景"一顿输出"，结果全是照片，忘记拍视频记录美好瞬间。在 AI 时代，这将不是问题。只要有照片，我们就可以让 AI 软件依据照片进行情景分析，制作出精美的 AI 智能视频（如无特殊说明，本章的 AI 软件以"即梦 AI"为例讲解）。即梦 AI 主页面如图 6-1、图 6-2、图 6-3 所示。

图 6-1　即梦 AI 主页面（1）

图 6-2　即梦 AI 主页面（2）

图 6-3　即梦 AI 主页面（3）

第一步

如图 6-4 所示，在即梦 AI 的主页面找到"视频生成"选项。

图 6-4　选择"视频生成"

第二步

如图 6-5、图 6-6 所示，进入即梦 AI 的"视频生成"操作页面，用户可以先上传自己拍摄的照片，然后选择视频模型。目前，即梦 AI 提供"视频 S2.0""视频 S2.0 Pro""视频 P2.0 Pro""视频 1.2"几种模式，各具不同的特点，用户可根据自己的需求进行选择。

图 6-5　视频生成操作页面

图 6-6　视频参数设置

生成视频时，可附加一些高效提示词，以让视频更符合自己的预期或需求。常见的高效提示词有以下几种类别：画面相关提示词、风格相关提示词、情感与氛围相关提示词。示例：油画风格，以细腻的笔触和丰富的色彩，展现宁静的乡村田园风光。

第三步

如图 6-7、图 6-8 所示，配合上传的照片风格输入高效提示词，按照自己的想法，请即梦 AI 生成旅游短视频作品。

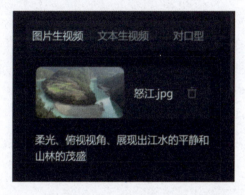

图 6-7　图片生视频——怒江

图 6-8　怒江视频截图

图 6-8 为即梦 AI 由照片生成的短视频的截图。在视频中，以照片中的景象为主题背景，以俯视视角徐徐推进画面，类似于无人机的拍摄角度，生动地展现了照片所展示的景色，碧绿静谧的江水和茂盛的山林草木显得非常和谐美妙。

Tips：视频提示词有妙用

运用已有照片生成视频时，也需要提供合适的提示词，这样可以生成更贴合自己需求和想法的优质视频作品。

将旅行照片生成旅行视频，是用户使用频率非常高的一种功能，这主要是因为图生视频的创作更加可控，也更符合游客生成旅行视频的需求。通过即梦 AI 软件，用户能够利用自己预先选择好的旅行照片生成动态视频，这在很大程度上降低了创作旅行视频的门槛，同时节省了用户的时间。需要注意的是，即便有照片的"加持"，提示词的撰写也是非常重要的。

图生视频提示词公式：

①景色类提示词公式：【光影效果】+【镜头控制】+【画面风格与氛围描述】。例如，【暖黄色黄昏光影，光影洒在水面波光粼粼】+【推镜头从远到近聚焦在瀑布】+【梦幻、空灵的仙侠风氛围】。

②主体类提示词公式：【主体】+【运动】+【背景】。

常规图生视频提示词示例如表 6-1 所示。

表 6-1　常规图生视频提示词示例

场景	光影效果	镜头控制	画面运动描述
通用	明亮均匀的自然光	固定镜头居中展示	画面平稳清晰
通用	暖橙色的黄昏光影	从左到右平移镜头	画面色彩鲜艳

续表

场景	光影效果	镜头控制	画面运动描述
通用	柔和的侧光	推镜头靠近主体	画面层次丰富
森林	斑驳的树影	摇镜头向上	树叶微微晃动
森林	绿色调的清新光影	拉镜头远离	树枝随风摆动
森林	清晨的雾气光影	移镜头穿梭林间	小鸟偶尔飞过
海边	蓝色的海洋光影	360 度旋转镜头	海浪轻轻拍打沙滩
海边	金色的沙滩光影	推镜头到海边礁石	潮起潮落
海边	粉色的晚霞光影	沿海岸线平移镜头	海鸥低空飞翔
城市街道	暖黄色的路灯光影	镜头跟随行人	车辆缓慢行驶
城市街道	五彩的霓虹灯光影	垂直方向升降镜头	人群来来往往
城市街道	灰白色的阴天光影	平移镜头扫过店铺	旗帜随风飘动

注意事项：

（1）尽量运用简洁的词语和句子组合，避免使用复杂的、AI 难以"理解"的词句。

（2）如果场景中有主体，设定的主体运动一定要符合运动规律，使用图片中可能发生的运动描述；假如提示词描述的内容和图片的出入较大，很可能导致镜头出现不合时宜的切换。

案例一

图 6-9 为陕西省西安市长安区南五台景区一角。

图 6-9　南五台景区一角

　　提示词：阳光穿破云层，平视视角，展现山林树木的葱郁和茂盛，微风拂过，树叶轻轻摆动，饶有意蕴。

　　视频模型：视频 1.2

　　运镜控制：固定镜头

　　运动速度：慢速

　　模式选择：标准模式

　　生成时长：9s

　　图 6-10 为生成的短视频的截图，生动地展现了山间云雾缭绕、林木葱郁的景色，画面整体自然清新，给人一种宁静、悠远的感觉，很有氛围感，能让人感受到山间风光的壮美。

图 6-10　南五台景区一角视频截图

案例二

图 6-11 为青海省海北藏族自治州门源回族自治县风光照片，万亩油菜花田辽阔无垠，与碧海蓝天相得益彰。

图 6-11　门源回族自治县油菜花

提示词：晴空万里，蓝天白云，无人机视角，体现万亩油菜花的辽阔感。

视频模型：视频 1.2

运镜控制：向左移动、向左摇镜、中等幅度

运动速度：始终

模式选择：流畅模式

生成时长：8s

图 6-12 为生成的短视频的截图，展现了大片明艳的黄色花海与蓝天白云、远山相衬的美景，画面色彩饱满绚丽，不同角度的切换丰富了视觉效果，营造出开阔又惬意的氛围，让人仿佛身临其境地感受到了那片生机勃勃的自然风光。

图 6-12　门源回族自治县油菜花视频截图

案例三

图 6-13 为某公园人工池塘中的鱼。

图 6-13　人工池塘中的鱼

提示词：池塘水质清澈，阳光照耀，波光灵动。俯视视角，广角镜头，逐渐拉远。池塘中的鱼儿欢快游动，展现生机勃勃的景象。

视频模型：视频 1.2

运镜控制：向上移动、中等幅度

运动速度：适中

模式选择：流畅模式

生成时长：8s

图 6-14 为生成短视频的截图，展现了充满生机的池塘鱼群游动的景象。画面中，色彩斑斓的鱼儿在水中畅游，红的热烈、白的纯净、黄的亮眼，还有花色独特的，它们交织在一起，形成灵动的画面。视频从不同角度捕捉鱼儿的动态，有的展现群鱼聚集，有的聚焦单条鱼儿的姿态，仿佛能让人感受到水波的荡漾。

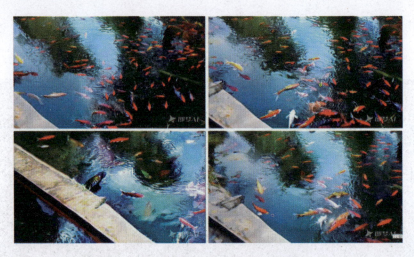

图 6-14　人工池塘中的鱼的视频截图

即梦 AI 对光影的处理恰到好处,水面波光粼粼,倒映着周围的景物,增添了画面的真实感。整体氛围闲适惬意,让人联想到在园林或景区中观鱼的悠然时光。

案例四

图 6-15 为广东省广州市珠江景色。

图 6-15　广州市珠江景色

> 提示词：现实色彩，天空辽阔，白云朵朵，江水流淌，碧树掩映，镜头掠过江面，徐徐推进，江面游轮驶过，景色优美。
>
> 视频模型：视频 1.2
>
> 运镜控制：向左摇镜，幅度中等
>
> 运动速度：速度适中
>
> 模式选择：标准模式
>
> 生成时长：12s

图 6-16 为生成的短视频的截图，展现了城市滨水风光。画面整体清晰度较高，天空中云朵的细节以及水面的质感都有不错的呈现。色调清新自然，蓝天、白云、碧水相互映衬，给人一种宁静、舒适的视觉感受。

图 6-16　广州市珠海景色视频截图

从最初平静的城市水岸全景到出现船只航行，动态元素的加入为画面增添了活力，且船只驶过留下的水痕也比较自然。但在某些细节上还有待完善，如画面的过渡可以更流畅些，云层的形态变化可以更平滑些，这样会使整体观感更好。

6.2　内容形式的智能升级

通过一系列操作，我们能够获得 AI 视频作品，但是如果作品不是那么地尽如人意，又该怎么办呢？这时候可以继续运用 AI 帮助我们优化视频作品（以"6.1 智能视频随心制作"中的示例视频作为案例进行演示）。

如图 6-17 所示，在生成的视频的任何一处单击左键。

点击视频

00:04 / 00:08

图 6-17　点击视频

然后进入视频优化操作界面，编辑选项包括"视频延长""对口型""补帧""HD 提升分辨率""AI 配乐"，以及"重新编辑"和"再次生成"的特殊选项，如图 6-18 所示。

图 6-18　视频优化选项

视频延长

即梦 AI 的视频延长功能指对已经完成的视频作品进行延长。视频延长是拓展视频内容时长的 AI 智能方案，不仅能解决视频时长不足的问题（如短视频平台要求 15 秒以上），还能延伸关键镜头的情感表达（如夕阳镜头延长营造氛围），为剪辑留出更多过渡空间，等等。

操作步骤：选中需要延长的片段，选择延长功能或输入目标时长（如从 8 秒延长至 18 秒）。

关键技巧：开启"＝动态光流补帧"避免卡顿，适用于风景、慢动作等连续画面。

AI 内容生成模式：框选需要延展的画面区域（如天空、水面等），输入语义指令，调节生成强度（低强度保留原画面，高强度扩展新内容）。

注意事项：人物对话或快速动作场景慎用，易出现肢体变形。多次延长建议分段处理，每次不超过原始时长的 50%。

对口型

即梦 AI 的对口型功能让视频中人物的表达内容和口型精准同步。

基础模式：上传需要修改的视频片段及目标音频，框选人物嘴唇区域，选择语言类型（中文 / 英文 / 日语等），点击生成后，用时间轴微调唇部开合幅度。

高级参数调节：牙齿细节（增强齿列可见度，适合大笑、说话特写）；肌肉模拟：开启下颌运动轨迹优化，防止机械感。

补帧

补帧相当于提升视频流畅度的黑科技。技术原理是通过 AI 算法在原有帧之间插入过渡帧，将视频提升至每秒 60 帧甚至 120 帧。

操作指南：常规补帧的话，导入视频后自动检测帧率，选择目标帧率（推荐 2 倍以内），运动激烈场景开启"运动矢量补偿"以减少拖影。自适应补帧能对画面进行智能自动处理，手动标注需要重点优化的区域。

硬件建议：处理 4K 每秒 60 帧的视频至少需要 8GB 显存（如 RTX 3070），开启 CUDA 加速可缩短 50% 以上渲染时间。

AI 配乐

即梦 AI 的 AI 配乐功能能为视频创作者提供极大的便利。在生成视频后，用户只需将鼠标悬停在视频右下角，点击"AI 配乐"按钮，系统便会自动为视频匹配合适的背景音乐。这一功能不仅节省了用户寻找和编辑音乐的时间，还能让视频作品更具专业感，提升整体的观赏性。

6.3　旅行视频字幕生成

AI 的强大不仅在于自动生成视频，还在于能根据拍摄或自动生成的视频制作智能字幕。在 AI 出现之前，视频制作者需要根据视频中的语言内容手敲字幕，这一过程是非常烦琐的，且耗时较多。而借助 AI，我们能省去烦琐的工作过程（本节选取的软件为"剪映"）。

　　在不同终端用剪映给视频自动生成字幕的操作略有不同，接下来，分别针对电脑端和手机端的具体操作方法进行讲解。

电脑端

　　第一步：导入视频。打开剪映，注册账号，登录账号，在剪映的主页面找到"导入"选项，将预先设计好的视频导入进去，如图 6-19 所示。

图 6-19　导入视频

　　第二步：自动识别语音。在视频轨道上，点击鼠标右键，选择"识别语音"，剪映会自动识别视频中的语音并将其转换成文本，如图 6-20 所示。

图 6-20　字幕

　　第三步：识别完成后，在视频轨道上点击鼠标右键，选择"生成字幕"，剪映会自动根据识别的文本生成字幕。

第四步：对生成的字幕进行调整，包括字幕文本、时间、位置和样式。如果生成的字幕出现识别不准的情况，也可以手动增加字幕。点击字幕文本框，可以编辑字幕内容。拖动字幕块的边缘，可以调整字幕时间。点击字幕块右上角的菜单，可以调整字幕位置和样式。

第五步：导出视频。完成字幕调整后，点击"导出"按钮。在导出设置中，勾选"导出字幕"，并选择字幕格式（如 SRT、ASS 等）。

手机端

在旅途中，我们用镜头记录山川湖海的壮丽、人文风情的独特，收获了满满的旅游视频素材。可给视频添加字幕却成了不少人的难题。别担心，剪映手机端能轻松帮你解决这一困扰。它操作便捷，功能强大，只需简单几步，就能快速生成字幕。

第一步：打开剪映手机端，如图 6-21 所示。

图 6-21　剪映手机版主页面

第二步：上传视频，如图 6-22 所示。

图 6-22　剪影手机版上传视频

第三步：开始识别。点击"字幕"选项，选择识别模式，并点击"开始识别"，如图 6-23 所示。在该示例中，我们选择字幕来源为仅视频，选择原始模板，然后点击开始识别。

图 6-23　剪映手机版字幕识别

第四步：识别完成。识别完成后，检查字幕，如无误，点击保存即可，如图 6-24、图 6-25、图 6-26 所示。

图 6-24　识别完成

图 6-25　导出保存

图 6-26 视频导出完成

6.4 打造精品 Vlog

利用剪映及相关的 AI 软件，游客能在旅游行程结束后，快速打造精品 Vlog，分享自己的旅游行程。

对于初学者来说，剪映上有许多现成的模板可以选用，可以将自己准备创作成 Vlog 的片段集合起来，点击"一键成片"，再选择自己想用的模板即可，如图 6-27、图 6-28 所示。

图 6-27　剪映一键成片

图 6-28　剪映模板

第 7 章

走向更智能的旅行时代

7

7.1 下一个旅行变革风口

人工智能逐渐渗透到旅行的每一个环节——从规划行程到分享回忆，从跨越语言障碍到深度文化体验。然而，这一切仅仅是 AI 文旅时代的序章。随着技术迭代的加速、数据生态的完善以及用户需求的多元化，旅游行业正站在新一轮变革的临界点上。未来的旅行将不再局限于"工具优化"，而是以 AI 为核心驱动力，重构人与世界的连接方式，甚至重新定义"旅行"本身的价值。

早期的 AI 应用更多聚焦于"解决问题"，包括如何快速生成行程，如何避开交通拥堵路段，如何翻译陌生语言……这些功能本质上是对传统旅行痛点的修补。而下一阶段的 AI 将突破功能性的边界，转向"创造体验"。例如，通过生成式 AI 与扩展现实（extended reality, XR）技术的结合，旅行者可以在出发前"沉浸式"预览目的地。想象一个场景：用户戴上轻便的 AR 眼镜，不仅能饱览巴黎卢浮宫的 3D 模型，还能基于个人兴趣动态生成艺术史解说，甚至让莫奈的睡莲"盛开"在客厅地板上。这种虚实交织的体验将彻底打破旅行决策的时空限制，让"是否值得去"的纠结转化为"如何深度探索"的期待。

AI 将推动旅行从"标准化服务"转向"情感化交互"。未来的智能旅行助手不仅能精准推荐餐厅，还能理解用户"想寻找童年时外婆厨房味道"的模糊需求；不仅能预订酒店，还能根据用户旅行当天的情绪状态调整房间的灯光与音乐。情感计算技术的成熟，使得 AI 可以捕捉用户的微表情，分析用户的语音、语调，甚至通过可穿戴设备监测心率变化，从而提供更具共情的服务。当 AI 发现用户在博物馆某件展品前驻足的时间异常时，会自动调取相关艺术家纪录片并将其推送至用户的手机上，或建议预约一场小众主题讲座——这种"懂你"的旅行陪伴，将重新定义个性化服务的上限。

当前，AI 在文旅领域的应用仍受限于数据割裂：航空公司不知道用户的租车偏好，景区不了解游客的饮食禁忌，社交平台的旅行打卡与行程规划工具彼此孤立。因此，AI 的突破将依赖"全域数据通联"，区块链技术可能成为关键，在保护用户隐私的前提下，让旅行行为数据（如航班选择、消费习惯、内容互动）形成可追溯、可授权的流动网络。例如，当一位游客在某民俗村落体验茶道后，AI 可以自动将其行为数据（停留时长、拍摄角度、购买记录）加密上传至链上。这些数据经过用户授权后，能够为其他茶文化爱好者提供借鉴，或帮助当地商户优化产品组合。

传统意义上的"旅行"具有明确的起止时间，而 AI 正在模糊这种界限。通过脑机接口与数字孪生技术，"云旅行"可能会成为日常生活的一部分。这种变化不仅会带来新的商业形态（如订阅制 AI 旅行管家），还将引发文化认同的变革——当"00 后"年轻人更习惯在元宇宙参加印度的洒红节，而非乘坐 10 来个小时飞机亲临现场时，"在地性"与"数字原真性"的争论将重塑文旅产品的设计逻辑。与此同时，AI 赋能的"混合现实工作度假"正在崛起。想象一位程序员在巴厘岛咖啡馆修改代码，AI 助手同步处理签证续签、协调不同时区的会议，并根据他的健康数据推荐冲浪课程与冥想工作坊。未来，旅行不再是生活的"例外状态"，而是深度嵌入个人发展轨迹的组成部分。教育机构可能推出"AI 游学"产品：高中生在南美雨林考察生物多样性时，随身设备实时识别物种、关联课本知识，并自动生成符合 A-Level 评分标准的实验报告。

7.2　智能旅行代理人：你的贴身旅伴与顾问

伴随着 AI 技术的快速发展，未来的旅行事宜可能会被"智能旅行代理人"所包揽，从而让我们的旅行活动变得更简单。

当提到"旅行"时，我们的脑海中往往会浮现出美好的画面：在异国街头随意漫步，或坐在沙滩椅上吹海风，抑或和家人一起走进山林间呼吸清新空气。然而，到真正开始规划行程时，你会发现这一切并没有想象中那么轻松。既要比较各家航空公司的价格、挑选评价较高的酒店、预订合胃口的餐厅，还要核对日期和行程安排，稍有不慎就会陷入手忙脚乱的状态。于是，很多人选择将所有烦琐的步骤交给旅行社，但随之而来的是行程缺乏个性化，甚至千篇一律。

现在，一种更智能、更贴心、更懂你的解决方案应运而生——智能旅行代理人。它既像一位旅行顾问，又仿佛一位24小时待命的贴身管家，帮助你从零开始规划行程，甚至在旅途中随时根据你的心情和想法进行调整，让旅行真正成为属于你自己的独特体验。相比传统的"流水线式"跟团游，智能旅行代理人的明显优势是省时省力。很多人平时工作忙、生活节奏快，没有多余的心力泡在各大网站和论坛里做攻略。

智能旅行代理人会在收到你的基本需求（如目的地、预算范围、出行时间、住宿喜好等）后，自动抓取并分析海量的线上信息，结合其他用户的真实评价，为你筛选既合适又具性价比的旅行方案。你无须担心自己没有经验或盲从不靠谱的点评，因为系统会结合多维度的数据进行综合评估，并以通俗的方式告诉你为何做出这样的推荐，如它可能会提示："这家酒店的地理位置很好，但是旺季价格略高，考虑到你的预算，可以选择略远一点的公寓式酒店，性价比更高且评价不错。"这样的建议直接解释了背后的原因，避免你被华而不实的宣传照片蒙蔽了双眼。更重要的是，智能旅行代理人给出的方案可以根据你的实时需求与突发状况进行调整。

假设你抵达目的地时天气突然转阴，本来安排的海滩日光浴无法进行，那么智能旅行代理人会立刻查看当地的室内景点或商场活动，为你"现场"重新设计游玩路线，还能为你推荐评价不错的咖啡馆或餐厅，帮你把候场时间过得更加丰富有趣。如果遇到航班延误或临时取消的情况，它也会第一时间协助你改签机票或预订下一个班次，减少你在机场来回奔波的压力。整个过程就像拥有了一位无比耐心且对信息掌握全面的"随行秘书"，让你在每一次旅程中更轻松、更安心。除了使行前准备更加高效，智能旅行代理人在旅行过程中也能派上大用场。

如今，越来越多的人不满足于"走马观花式"的观光，希望能深入体验当地的文化特色、美食、美景，甚至结交一些当地朋友。但由于语言不通或缺乏对当地风土人情的了解，很多时候只能止步于走马观花式的观光，而错过了最具魅力的背街小巷与地道市集。

这个时候，智能旅行代理人的优势再度显现：它会像本地导游一样，为你实时推荐隐藏在街角的小面馆、独具风情的古玩市场、正在举办的季节性庆典活动等，让你的旅行变得更加原汁原味。如果你对某段历史很感兴趣，它还能为你提供简短又有趣的文字或语音讲解，告诉你脚下的石板路背后藏着怎样的故事。在旅行摄影方面，智能旅行代理人也能变身你的"贴心摄影助理"，它可以根据地理位置和社交媒体上其他旅人的分享，告诉你某个教堂侧门的光线更好、哪座山峰顶端更容易拍到日出与云海，还能提醒你提前购买门票或在特定时段前往，避免高峰期排长队。如果你想录制短视频，它还能提供一些场景布置或角度推荐，让你更轻松地捕捉精彩瞬间。

我们在外地旅行最怕的就是发生紧急情况，如生病、意外受伤、钱包和证件遗失。这时，智能旅行代理人并不会像普通软件那样只给你一个紧急电话或简单定位，而会立刻联动当地的医疗与保险系统，为你安排最近的医院或诊所，并且根据你的保险类型告诉你可能的报销范围。若你在旅途中丢失财物，它也能帮你联系当地警方或翻译人员，让你第一时间得到切实可行的协助。对于商务人士而言，智能旅行代理人同样堪称必备神器。现代商务往往强调效率与成本控制，频繁的机票预订、酒店选择、会议场所安排以及各种差旅报销的票据管理都十分烦琐。智能旅行代理人可以将航空公司的常旅客计划或酒店集团的会员积分"一键"打通，自动识别哪里能为你节省更多预算、积累更多积分或享受升舱待遇，让你最大化利用忠诚度计划带来的优惠。同时，它还能对你的消费记录进行自动分类整理，帮你快速导出符合财务要求的电子报销文件，节省手动录入时间。对于偏爱自由行的年轻人或背包客来说，智能旅行代理人可以像一位志同道合的旅伴，陪你走走停停。在你踏上行程之前，它就会基于你的爱好与过去的旅行足迹，推荐一些你可能从未听说过的"小众美景"或"冷门活动"；当你游览到一处风景时，它也会提醒你附近还有哪些值得顺路一探的有趣去处。若你反复提到对某种美食毫无抵抗力，它会变得越发"懂你"，在地图上精准标出附近几家好评如潮的美食店铺，甚至能给出网友们总结的点餐攻略。当你来到陌生的城市，不再需要打开点评网站逐条对比，智能旅行代理人可以为你推荐，从而让旅途更随心所欲。从宏观角度看，智能旅行代理人的大规模普及会为旅游行业带来积极影响。对于航空公司、酒店集团、景区乃至餐饮和零售企业来说，这类平台不仅能帮他们吸引更多对口客源，还能沉淀更丰富的数据，从而分析行业趋势、优化产品和服务，让更多优质却不被熟知的旅游资源得到曝光和青睐。

智能旅行代理人能够在系统后台提供更精细化的数据支持，如游客某个时段的流动情况、热门景点的实时拥挤度等，让城市管理者能根据数据制定交通疏导、景点限流的政策，甚至可以在节假日高峰期做出更灵活机动的应对。对于大多数旅行者来说，他们可能会质疑把行程交给一个"AI助手"到底安全吗？自己的一些隐私和出行数据会不会被泄露？其实不用担心，智能旅行代理人平台都注重数据安全与隐私保护，通过加密技术、分布式存储以及更严格的数据访问权限控制，保证用户的个人资料不被泄露或滥用。甚至部分先进的平台采用"联邦学习"技术，使用户的数据在本地完成部分训练和处理，不需要全部上传到云端，极大地降低了外泄风险。

174

　　当然，用户自身也需要具备基本的安全意识，避免在公共网络或不可信的设备上随意输入关键信息。随着人工智能技术、5G 及云计算基础设施的不断升级，智能旅行代理人也具备越来越多让人惊喜的功能。也许不久的将来，当你佩戴上智能手表或 AR 眼镜时，智能旅行代理人就能通过监测你的心跳、步数、呼吸频率等生理数据，判断你是否需要更多休息或是否状态正佳，并据此安排接下来的行程。若你刚在某个博物馆饱览了历史珍品，它或许会立刻通知你附近有一个正进行文化艺术交流活动的工作坊，说不定还能让你收获一段意想不到的奇妙体验。AR/VR 技术的加持，也将不断拓宽旅行的边界，让你在没启程前就"虚拟踏足"某个异国他乡，先行感受那里的整体氛围，再由智能旅行代理人针对你的观感和喜好为你做更细致的路线定制，让你在抵达现场时更加"对味"。智能旅行代理人并不会像冰冷的机器人那样一成不变，当你多次和它互动，告诉它你的点评、情感反馈以及对某些体验的真实看法后，它会不断学习与更新，越来越能捕捉你的旅行风格与个性需求。你不必再一步步费力解释"我喜欢人文景观，不喜欢熙熙攘攘的商业区"，它会自动记住并为你绕开那些你可能不感兴趣的项目，同时主动帮你寻找更多你或许会喜欢的"旅行惊喜"。这样的人机互动不仅为旅行增添了很多乐趣，也让你发现：原来自己从未注意过的地方，也能成为一次难忘的冒险。可以说，智能旅行代理人就像一位时时刻刻都在精心筹谋的伙伴，用贴心、灵活的方式，为我们打开更广阔的世界，让每个人都能按照自己的节奏去发现、去探索。或许有人担心旅行因此失去"探险"的乐趣，但其实，这种高效的规划只是让我们免去那些烦琐与低效的环节，把更多时间和精力留给旅途中的自由与灵感，让我们可以在真正想停留的地方驻足欣赏，在想深入体验的时候尽情投入。当工作已然忙碌、时间总显不足的时代，一次少些奔波与周折、多些感动与回忆的旅行，不正是我们所期待的吗？当我们把琐事交给这样一位智慧又懂行的旅伴时，我们将更能体会到不同地方的人文与自然之美。未来，当智能旅行代理人的功能不断升级后，或许"随时随地出发""说走就走"不再是一句空话，它能把一切行程细节都打理好，从机票、签证到当地交通、住宿，甚至突发天气变化时的活动安排，都能帮你快速搞定。你需要做的就是怀揣一颗好奇心，带着对世界的热爱，去感受那些藏在山川、海洋、街角和人群之中的精彩故事。在这个快节奏的时代，智能旅行代理人无疑会成为我们最忠实的出行伙伴与顾问，它能让旅行变得更简单、更丰富，也能让"出发"变得更加容易。毕竟，出发的意义从来不在于换个地方打卡，而是走出熟悉的日常，去见识更广阔的风景、更多元的文化与更精彩的人生。

7.3 抢占先机：成为 AI 文旅时代的早期领跑者与实践者

在这个信息爆炸与科技飞速更迭的时代，"旅行"一词已不再仅仅是背上行囊、踏上旅途那么简单，它更像一个在未知与新鲜感中寻求自我升华的过程。

随着 AI 技术的崛起与普及，我们看到了革新传统旅行方式的曙光——它不再只是一种概念或远离大众的前沿工具，而是可以切实帮助每一位旅行者更轻松地获取信息、做出决策，让旅程更简单、更自在的利器。

学会把 AI 合理运用到旅行的策划与执行中，能为我们开启全新的旅行模式。想象一下，你只需说出自己大致的旅行日期、预算、喜好和目的地，AI 就能自动为你生成一份涵盖交通、住宿、美食、景点乃至天气状况的详尽行程。它能分析大量的用户数据，从中提炼最符合你需求的选择，让你在最短时间内得到最优方案。面对当地纷繁杂乱的信息与评价，AI 还能自动聚合并过滤无效信息，为你呈现最值得信赖的攻略要点，省去你在网络海洋中的摸索、对比与甄别。借助 AI 的自然语言理解和智能推荐算法，你可以获得更多更个性化的选择，并在短时间内完成行程规划。

在执行规划的过程中，AI 也能扮演"行程管家"的角色。当我们抵达陌生城市，遇到交通混乱、语言不通或临时景点变动等问题时，搭载了机器翻译与本地实时信息功能的手机 App，就能自动识别并实时翻译外语招牌或咨询，结合地图和交通信息的智能分析，为我们规划最近、最快、最省钱的出行线路。即使目的地突发恶劣天气或遇到景点临时关闭的情况，AI 也能迅速帮忙查阅替代景点，更新行程计划，让整个旅程流程更加平顺，从而节省时间与精力，把更多时间用来感受美景和体验当地文化。

AI 还可以帮助旅行者在社交与安全层面得到提升。旅行并不仅是欣赏自然风景，还是与当地人、他者文化以及整个世界展开深度对话的过程。借助 AI 的实时翻译功能，你可以向卖小吃的街头商贩准确表达你对食材与口味的偏好，也可以在异国街头与偶遇的当地艺术家分享你对城市艺术的理解。不仅如此，AI 还能根据庞大的数据库和地理位置，实时监测并提示区域风险指数，为你提供安全建议，让你在陌生环境中更加从容与安心。

行程结束后，AI 的价值也未止步。它能帮你整理照片与录像，通过图像识别自动分类、标签，制作独家纪念相册，让你更轻松地回顾行程。它还能依据你所到过的地方、喜欢的餐厅与景点，为你下次的旅程提出更具针对性的推荐，甚至不时推送目的地的风土人情及新晋活动，激发你再次出发的渴望。通过这样持续的交互与学习，AI 会与你共同成长，越发明白什么样的体验能真正打动你，让你的未来旅行之路充满惊喜与创造性。

当然，在尽情享受 AI 为我们旅行带来便利之余，我们也应该保持对技术与人文关系的认识。AI 能以迅速、高效的方式帮我们获取信息，但如何真正感受旅程中的人文关怀、历史积淀与文化传承，需要我们以敞开的心灵去观察与融入。无论 AI 多么智能，无论它能为我们省去多少烦琐的查询和决策步骤，我们仍然需要保留对人性的好奇、对未知的求索和对世界的热爱。技术是一把双刃剑，我们在享受它带来的便利的同时，应不忘主动学习相关技能，增强自主判断力，警惕对它的过度依赖。

结语

当我们合上书，回顾从智能行程规划到 AI 照片处理，再到语言翻译、视频剪辑以及智能导览的种种案例，仿佛亲历了一场由 AI 主导的"未来旅行"预演。从具体功能到应用场景的剖析，无不昭示着旅游行业正迈入一个更加智慧化、个性化和多元化的时代。AI 技术让文化交流更加顺畅，同时让旅行体验更加具有创造力与包容度。

对于旅行者而言，AI 带来的最大革命或许在于获得信息效率的跃升。借助智能算法，烦琐的查找与对比变得轻松可行，旅行者可以在几分钟内完成行程规划，从而将更多的精力放在与家人、朋友共享旅途上。

AI 对数据的处理能力，为差异化与小众化旅游提供了支持，使得原本"冷门"的景点得以进入大众视野，从而鼓励更多人探访那些未被过度商业化的文化胜地。从某种意义上讲，AI 也在帮助人们重新发现世界的多样性。

展望未来，我们相信 AI 赋能的智慧旅游存在无限可能。也许不久的将来，个人专属的"AI 旅行助理"不仅能够实时自动规划日程，还能够根据个人体能状态、天气变化、景点拥堵度动态调整路线；或许全息投影、AR/VR 设备与 AI 系统的配合会让远程沉浸式旅行成为现实，让人足不出户就能"身临其境"地欣赏极地冰川或热带雨林；抑或随着人机交互模式的革新，"旅行"的概念都会产生新的定义。

衷心希望每一位读者都能从本书获得启发。AI 既是一种工具，也是一种思维方式，还是一条连接世界和自我的桥梁——它所开启的不仅仅是更高效的出行路径，更是对世界的多样探索与深层理解。

　　愿每一位读者都能在未来借由 AI 这位强大的"文旅大师",更加自由地行走,更加透彻地感知,用脚步和心灵拓展旅行的边界,让旅行带来的创造力与幸福感浸润生活的方方面面。①

---

① 本书是 2024 年度河北省社会科学发展研究课题"数字升级背景下智慧旅游线路推荐系统建设与应用研究"(项目编号:202402102)的研究成果。